テクノクラシー帝国の崩壊

「未来工房」の闘い

ロベルト・ユンク
山口祐弘訳

藤原書店

テクノクラシー帝国の崩壊　目次

序──遅すぎることはない 9

第一章──妨害から変革へ 15
起き上がり小法師《こぼし》 17
抵抗運動はなぜ自己に懐疑的になるのか? 20
技術官僚政治《テクノクラシー》の魅惑の終焉 23
罠としての「好戦的態度」 26
抵抗運動──想像の「工房」 30
知識人の課題 34

第二章──原子力帝国から技術帝国へ 37
全体主義的な技術官僚政治《テクノクラシー》 39
狙われる自然の貧困化 44
情報科学の破壊性 50

第三章　エリートたちの懐疑　59
「頭の中の鋏」への反抗　61
秘密科学への回帰？　67
「宇宙戦士」の離脱　70
カインのしるし　76
新たな学生運動の始まり　80
変革を知らせる燕　86
第四章　われわれの希望の現実性　91
科学は新しい「唯心論的パラダイム」を必要とするか？　93
哲人王か哲人国民か　99
「パノプチコン」との訣別　109
ほとんど誰もが被害者である　112

第五章　自主的な創造者であること　115
一通の手紙が洪水を引き起こす　117
創造力の活性化運動の始まり　120
「未来工房」とは何か？　122
地平の拡大　126
第三世界からの救済　130

第六章　実験的社会への道　133
失敗から学ぶ　135
希望の徴《しるし》　138
新しい産業文明の始まり　141
具体的なユートピア　146
変革はどのようにして起きるのか？　150

第七章――一九八九年の革命　157

「自由、平等、友愛」――今日と明日　159
「非政府組織」が身を乗り出す　160
空想的人物　163
革命から学ぶ　166
新しい啓蒙のために　169
見通しと予測　171
「威嚇」より「励まし」　174

訳者解説　179
参考文献　201

装丁　作間順子

テクノクラシー帝国の崩壊

「未来工房」の闘い

凡例

一　本書は、Robert Jungk, *Projekt Ermutigung, Streitschrift wider die Resignation*, Rotbuch Verlag, Berlin 1988 の翻訳である。

一　訳者による注は、該当語の右側に（1）（2）……で示した。また訳者による補足は〔　〕で表記し、本文中に挿入した。

一　原文でイタリック体で表記されている箇所については、傍点で記した。

序　遅すぎることはない

一個の亡霊が世界を徘徊している。諦めという亡霊がである。それは、世紀初めの満たされなかった期待に対する報いである。すべては没落の方に舵を切っているように見える。どんな新たな始まりも許さない終末、再生をもはや許さないほどの崩壊と破壊に向かってである。

歴史的に見ると、われわれの時代は比類を絶するものである。これまでは、どんな戦争の後にも、復興を可能にし傷を癒す状態が続いたものである。墓地は草で覆われ、戦場は再び農地になることができた。死と再生のこのリズムは、人間の共同社会の生活の中では自明のこととなっていた。今日、われわれは、宗教的な迷信として否定されているように見えた大昔の不安とともに生きている。世界の没落の観念とともにである。今度は、それは神の宣告によって引き起こされたのではなく、科学的な認識と完璧になった技術的能力の樹木の、毒を含んだ果実として生まれたのである。

諦めの力は、われわれの想像力の怠惰からも養分を得ている。われわれは、われわれの時代をその時々に支配している思考様式に、自分たち自身が認める以上に従属しており、それらを未来にまで拡張する傾向にある。中世の最盛期の人物にとっては宗教的な義務と期待が優位を保っていたが、そうした人物が、われわれの文明のように研究とそれを土台とした権力への意志の刻印を帯びた文明を思い描くことはほとんどできないであろう。われわれもまたそれと同じ制限のもとにあり、そのため根本的に違う未来を思い描くことはできないのだと結論することは自然ではなかろうか。望みがないということは、歴史的に見る能力の欠如に根拠を持っているのかもしれない。

私はこのことを深い憂慮の念から記している。なぜなら、私は、まさに悲運と戦い抵抗はしたがやがて断念してしまった多くの人々から、すべての抵抗は虚しく、災厄はもはやくいとめることはできないという声を耳にする一方だからである。だが、不安を抱く人々までが力を落とすならば、その人々は死への行進を盲目的にせきたてる者たちに道を拓くことになろう。

そうした絶望を真実だと認め、それを拒もうとすることはどれも幻想だとする利口そうで声望のある者たちがいる。彼らから見れば、没落に対してなお身を護ろうとし没落を避けえないともはや考えようとしない人々は、鼻持ちならぬ楽観的進歩主義への無責任な追従者やコピーライターと同じ水準に置かれるべきである。

彼らは、ぎりぎりのところでの救済を可能にするかもしれない残された機会をすべて性急に投げ捨てていはしないか。彼らの中には、破局的な終末を興味深い、さもなくば身の毛のよだつ経験として評価し愛しさえし、そして救済として待望し始めている者もいるのではないか。

そうした没落の喜びは本物ではない。人類の自殺は不可避的だと――こうした「人間逃避」は望ましくさえあると――考える者は、本来、模範として他の人々の先頭を行かなければなるまい。そうしなければ、彼らは――薄暗い自分たちの「園亭」に籠もっていて――言い繕う者やごますりたちとまったく同じように信用できないものとなるのである。

われわれは幾つかの発展の過程で後戻りできない地点に達し通り過ぎてしまっていると

いうことを物語る、真剣に受けとるべき徴候がある。しかし、そこから、人類の歴史はまもなく終焉することは避けられないと推理する者は、無責任な仕方で一般化を行っているのである。無責任というのは、そうした言明は、最悪のことを防ぐことができるかもしれない力の活動を封じることになるからである。

こうした状況のもとでは、励ますことは、慰めたり気持を引き立てたりすることではなく、歴史の現実主義的な観察に立って行われる。最大の危険に遭遇した時、人々は何度も救済者を頼りにすることができた。彼らは、もちろん、奇跡を待つように何もせずに救済者を待ち望んだわけではなく、最後の力を振りしぼって幾度も危険を取り除こうとしたのである。「責任の原理」[1]がまたしても守られなかった場合、「抵抗の原理」が助けとなった。われわれがすでに経験している意識の変化には行動の変化が続き、部分的にはすでに続いている。このことを示すものは、今日数多くある。人々が彼らの危機的状況を一層深く意識するようになり、それに対して逃避の態度を取るのではなく、抵抗（H・E・リヒター[2]）の姿勢を示せば示すほど、それだけ早く救済は到来しうるのである。

本書をこうした人々に贈りたいと思う。

（1）ハンス・ヨーナス（Jonas, Hans 一九〇三～一九九三）の用語「責任の原理」の引用。ヨーナスは、ドイツに生まれアメリカを中心に活躍したユダヤ人哲学者。デカルトの身心二元論に反対し、ベーコンに始まる自然支配思想、進歩主義的近代技術文明の破局を防ぐべく、未来世代への義務を説く倫理思想を展開した。

（2）Richter, Horst-Eberhard（一九二三～二〇一一）ドイツの精神分析家、精神身体医学者、社会哲学者。ドイツ連邦共和国の平和運動の偉大な老闘士として知られる。*Flüchten oder Standhalten*, 1976.

第一章　妨害から変革へ

世界の危機的状態に関し、その時まで隠されかくまわれていた知識を広めるという大事業は、抵抗運動の争う余地のない成果の一つであり続ける。

起き上がり小法師《こぼし》

原子物理学者であるとともに生物学者であり幻想的な思想家であるレオ・ジラード(1)は、一九六〇年代に、人類の存続に対してマイナスの材料を提供するものの確率は八五パーセントであるのに対し、プラスの材料を提供するもののそれは一五パーセントだけである、と記した。しかし、自分はこの残された機会を利用するためにあらゆることをするつもりだということである。それ以来、危険は高まったが、またそれを防ぐ努力も高まった。しかし、その成果について語る新たな社会的運動はごくわずかである。それらの運動は何百

(1) Szilard, Leo（一八九八～一九六四）ハンガリー生まれの物理学・生物学者。ベルリン大学で学位取得後、同大学で研究、教育にあたっていたが、ナチスの迫害を逃れ、一九三七年に渡米、原子物理学の研究に転じ、放射性同位元素の分離法を発見。アインシュタインとともに原爆の製造をルーズベルト大統領に進言し、マンハッタン計画に参加したが、戦後はパグウォッシュ会議の設立に努め、原子力の平和利用に貢献した。

万という人々に彼らの危険な状況について知らせ、彼らを動かしてきた。両足を支えとしてだけでなく、新しい思想に基づいてである。それらによって、環境の破壊や軍拡競争が、政治的議論の主要テーマとされうるようになった。さしあたり自分たちの支持者の中で、しかしまた権力者たちの中でも、またその時まで無関心であった人々のあいだでも、である。それらは大国間の対決にブレーキをかけ、これらが交渉のテーブルにつくことを強く促し、核エネルギーを増強することを遅らせ、無思慮に科学技術の革新をはかることの帰結について批判的に考える姿勢を世界的規模で生み出した。

啓蒙と抵抗が取り返しのつかない結果を招く発展の速度を今後も効果的に和らげ、そうすることで考え方を改め方針転換するためには、貴重な時間が必要である。そうしたことができなくなった時は、遅すぎるであろう。国家と経済は、一見揺るぎないものと見えているが、現実にも揺らぐことがないとすれば、社会的運動の力は余りにも弱いことになろう。しかし、「権力者たち」は――これこそが示されるべきことであろうが――実際は見かけよりは弱いのであり、「権力のない者たち」の方が彼らの知っている以上に強いのである。まだ証明することはできないが、信頼というものはある。その光に照らしてみて初めて、現実的であるにもかかわらず看過されている機会があり、過小評価されている力と驚異的な発展のあることに気づくことが多くあるのである。励ましこそは、必要な変革の困難な道と長い迂回路において欠かすことのできない伴侶である。

幾世紀にも及ぶ以前の世代は、自然の災害の厳しさに対して大きな努力を払って生きかつ生きのびることに相応しい関係を生み出してきた。それと同じように、われわれの世代も、軽率さやミスによって引き起こした災害に迫られて、同じ規模の第二の文明的な事業を完成しなければならない。

このような画期的な課題は、迅速な転換によって達成されることはありえない。なぜなら、歴史は機械のようには働かず、新しい認識の光はボタンを押すだけでつくわけではなく、歴史の経過を方向転換することはハンドルの操作でできるものではないからである。われわれは、現代の技術によって得られるそうしたすばやい日常的成果に慣れすぎているので、現代技術をすでにわれわれの一部として取り入れてしまっている。また、政治においてもそれを期待しているほどである。しかし、歴史には、機械的な成果も自動的な機能もない。人間らしい世界の実現に近づくには、われわれは極めてゆっくりと、たびたび躓《つまず》き倒れながら、繰り返し起き上がり前進することができるだけである。「起き上がり小法《こぼ》師《し》」とアルフレート・ケル(2)はこれを名づけた。それこそは、われわれがこの測りしれない困難を抱えた時代に特に必要とするあり方なのである。

粘り強さも、たびたび起こる挫折に耐えるのに必要にちがいない。生きかつ生き延びるためには、失敗と生産的につきあうことが必要である。失敗は決して決定的と見なされるのではなく、必要な警告、それどころか好機として利用されなければならないであろう。

抵抗運動はなぜ自己に懐疑的になるのか?

われわれは手短な総括から始めよう。現代の抵抗運動とは何か? それはどのような形を生み出したのか? どのような強さととりわけ弱さをそれは示しているのか?

抵抗運動は一九六八年以来止まっている。「六八年の」運動(3)は、もちろん、成果なしに終わったのでは決してない。それは他の形でさらに生き続けており拡大してきたのである。学生運動がなかったならば、環境運動も女性運動も平和運動もなかったであろう。これらの抗議に参加した人々が自分自身成果がなかったと思い、自分たち自身の影響を否定するということは、まったく奇妙な現象である。彼らの期待は高すぎたが、しかし彼らの実際の影響は深部に達しているのである。

抵抗運動が支配構造を決定的に変えることに成功しなかったのは事実である――。逆に、支配構造は防衛を強化しさえした。そこから総括が導かれるのである。「われわれは根本的に何も成し遂げなかった。われわれは弱すぎるのだ!」

しかし、本当のところは、決定的に重要なことが生み出されたのである。これまで情報を与えられていなかった人々の啓蒙――しかも保守的な地域、政治に疎い人々、普通の消費者、声を上げない多くの人々に至るまでの啓蒙がである。今日、人々は何が彼らを脅か

(2) Kerr, Alfred(一八六七~一九四八) ドイツの評論家。ベルリン大学の新聞の演劇批評を担当。自然主義に対して表現主義を支持。ナチスの台頭とともに、パリ、ロンドンに亡命、演劇理論を展開した。

(3) 一九六八年、パリの学生運動に発する「五月革命」をきっかけに、世界に波及した若者の体制批判、「対抗文化」運動。

しているのか、どんな危険な状況に自分たちはいるのか、を一層はっきりと認識している。その時まで隠されかくまわれていた、世界の危機的状態に関する知識を広めるというこの偉大な業績は、抵抗運動の争う余地のない成果の一つであり続ける。

さらに私に重要に思われるのは、――これまで――技術官僚政治《テクノクラシー》(4)を支えてきた独断的な自己理解が揺らいでいることである！　技術官僚政治自身が、その企画の正当性を疑い始めている。この懐疑的な評価は、広い範囲の住民が共有するものとなった。人々は、経営者や経営者とともに働く政治家たちを極めて低く評価する。ここに派閥経済があり、国家は要するに技術官僚たちの手中にあるということに幻想を抱く者は、もはやどこにもいない。実力者と権力者のまともさと善意への信頼はなくなっている。

しかし――特に、世界的規模で見る時――なお一層深部に達していることがある。この倦むことなき啓蒙活動によって、ことに技術官僚政治が前提する進歩のパラダイムが信じる価値のないものとなり、動揺に陥っているのである。とりわけ動揺しているのは、ますます多くの研究、ますます大規模な発展、ますます巨大な経済成長によって、生活条件は必然的に生きるに一層値するものともなるだろうという考え方である。自然支配の進歩の予測可能な帰結として、諸事情はますます良くなるとされていたのだが。

技術官僚政治《テクノクラシー》の魅惑の終焉

六〇年代と七〇年代に至るまで——左翼の内部でも！——すべては実現できるという「プロメテウス的」[5]観念が支配的であった。なぜなら——アントニオ・グラムシ[6]の言葉を

（4）原語は<Technokratie>（英 technocracy）。ギリシア語の< tekne >（技術）と<krateo>（支配する）からなる合成語。「技術による支配」の意味。一九三〇年代初め、アメリカのH・スコットが提出した概念。今日では専門技術者による政治支配の意味で用いられる。

（5）プロメテウスはギリシア神話の神。ティタンのイアペトスとオケアノスの娘クリュメネの子。名前の意味は「先見の明の持ち主」。人類のために天上の火を盗み出したため、ゼウスの怒りを買い、ゼウスはプロメテウスの兄弟エピメデウスにパンドラを与え、人類を不幸に陥れた。また、ゼウスはプロメテウスをコーカサスの岩山の頂きに縛り付け、昼間の間鷲に肝臓を食わせた。しかし、ゼウスの子ヘラクレスによって救われ、ゼウスと和解し、その主権を支えたという。

（6）**Gramsci, Antonio**（一八九一〜一九三七）　イタリアの革命家。一九二一年イタリア共産党

借りれば——技術官僚政治における支配の前提の一つは、精神的文化的な性質のものだったからである。すなわち、技術官僚政治による進歩のモデルの、問われることのない優位である。

現代のこうした根本理解は、今では瓦解している。もちろん、それは、環境保護運動によって疑問とされているだけではない。外的な、とはいえ論理的に避けられえない出来事も付け加わったのである。スリーマイル島(7)、ボパール(8)、チェルノブイリ(9)あるいはニューケム(10)の騒ぎのような——事故は、備えのあるところで起こらず、多くの人々が以前より以上に厳密にこのミスに注目しなかったならば、公共的な意識の中にこれだけの著しい効果をもたらすことはなかっただろう。技術的進歩のイデオロギーのこうした根本的な動揺は、批判的な科学者、責任を自覚した技術者及び彼らと連帯した抵抗運動によってもたらされたまったく重要な業績である。

技術官僚政治を支持する左翼の圧倒的な部分も、遅くとも七〇年代の終わり以来こうした進歩観念から離れ始めていると私は見る。彼らは次のように主張していた。この技術的・経済的上部構造が別の手に渡り、われわれがスイッチを押して制御することができさえすれば、すべてははるかにうまくいくことであろう、と。しかし、明らかになったのは、まさにこのようなことはなく、社会主義国は技術的装置を大抵は資本主義国よりはるかに劣った仕方で操作しており、国家の行政機関内部の腐敗は、もしかするとはるかに大きく、

の創立に参加。国家論、文化論、文学論を展開し、後の構造改革論に影響を与え、西欧マルクス主義、ネオマルクス主義の源泉となった。

(7) アメリカ、ペンシルベニア州の州都ハリスバーグ近郊、サスケアナ川に浮かぶ島。一九七九年三月二十八日、同島の原子力発電所二号機（加圧水型軽水炉九五万九千KW）で、二次冷却水の循環が停止し、一次冷却水が失われて炉心が損傷され、放射能が漏出する事故が起こった。

(8) インド、パラデシュ州の州都。一九八四年十二月、アメリカのユニオンカーバイド工場の猛毒ガスが流出、二五〇〇人が死亡した。

(9) 一九八六年四月二十六日、旧ソ連（現ウクライナ）のチェルノブイリ原子力発電所四号機（黒鉛減速軽水冷却型百万KW、RBMK−1000型）で、全電源喪失時を想定した実験中に起きた事故。タービンの慣性回転による発電を試験的に行おうとした際、原子炉が制御不能になり、爆発、炎上し、放射能汚染を引き起こしたものである。

(10) ニューケム社は、ドイツ、アルゼナウの燃料製造会社。一九八七年一月二〇日、過酷事故が発生、三百人の作業員がプルトニウムで汚染されたとされる。

真理の抑圧はもっと決定的であったということである。

なるほど、ソビエト社会主義共和国連邦（一九二二〜一九九一）、ドイツ民主共和国（一九四九〜一九九〇）ならびに現実的社会主義を標榜する他の国々においては、公にまた支配的な実践の場で、科学技術の進歩についてのゆらぎのない理解が相変わらず維持されている。このことは何よりも――別の領域でも確認されることだが――それらの国々が同時代の意識水準に遅れを取っていることから説明される。しかし、西側に対する他の面の遅れとともに、ソビエト社会主義共和国連邦や他の社会主義国、ポーランド、DDR（ドイツ民主共和国）、ハンガリー、ブルガリア、チェコスロバキアにおいても、[11] 環境保護運動およびそれと結びついた民主主義的・人種的な市民権運動が始まっている。それは、すでに「国家機械」の政治的集権主義を疑い、攻めたて始めているのである。

罠としての「好戦的態度」

抵抗運動は、意識的変革という決定的領域では自らの成果を高く買いかぶるが、次のような問いを繰り返すことはまことにもっともなことであろう。どうすれば前に進むことができるのか？　われわれはどのような新しい目標を定めるのか？　しかし、これまでのところ残念なことに、抵抗運動はそれ自身の活動の目標を主として反対者によって決められていたのである。

敵を一つのレンズに釘付けにして、主要な攻撃を違うところに向かわせるという、まったくお定まりの軍事的戦術がある。こうした計略に戦闘的な原発反対者たちは引っかかり、袋小路に陥った。原子力国家に反対する闘いは、何よりもヴァッカースドルフ、ゴルレーベン、ムートランゲン、ハナウの原発のフェンスに向けられなければならないと思い込んだことによって、彼らは道を誤ったのである。そこでも、確かに、人々は十分印象深く登場し、報道機関に——それこそ彼らの本来の目標なのである！——報道を強いなければならなかったし、強いなければならない。しかし、こうしたやり方は単に反対するだけの戦

(11) 正式名は、それぞれ、ポーランド人民共和国（一九五二〜一九八九）、ドイツ民主共和国（一九四六〜一九九〇）、ハンガリー人民共和国（一九四九〜一九八九）、ブルガリア人民共和国（一九四七〜一九九〇）、チェコスロヴァキア人民民主主義共和国（一九四八〜一九八九）。

闘的態度に留まるならば、常にただ、技術官僚政治が見せつける赤い布を目がけて雄牛のように突進するだけだという危険を冒すことになる。

その上、抗議運動は、長期にわたって一層重みを増すまったく別の危険を見過ごしてきた。例えば、教育や職業訓練は技術官僚政治の要求にますます順応させられていき、学校や「解雇された人々」の再教育の課程にコンピュータが導入されることなどである。それらは、人間をハイテク企業の歯車にするものに他ならない。産業界においては一層合理化が進められ、消費はますます中央集権化されるようになってきた。農業経営はひたすら工業生産の管理様式に従って合理化され集中化がはかられ、それに地方自治体の民主主義は建設業圧力団体の完全に仕上がった計画に適合せざるをえなくなり、解体し始めている。

これが、抵抗運動の創造性の貧困に対する私の批判である。それは、眼に見える原子力国家の重装備した「要塞」に対して「非難を浴びせる」ばかりで、そうすることを攻撃的な正当防衛と信じて、危険な産業施設や駐屯地によってふるさとが占領されてしまうことから身を守ろうとしてきたのである。

精神的・社会的な攻勢に転じ、自分から対決の領域を定めることに関しては、十分な配慮はなされなかった。新しい労働形態、新しい生活様式、新しい型のエネルギー生産と供給、市民に一層近い別の施設、そしてそれらの企画が試されうるような、公共的に決定される実験を具体的に提案することには至らなかった。

人々はその実験の場で、技術官僚政治の発展様式について徹底して批判的に学習することになろう。その様式は、第二次大戦の最中に試され、それ以来何千回となく応用されたものなのである。大まかに見て、技術官僚政治のやり方とはどのようなものだろうか？　今日、人はもはや発明をただ待ち望むのではなく、意識的にそれを作りだす。研究はそれらに狙いを定めて行われる。原型が作られ試みを重ねる中で一歩一歩改良される。失敗の処理ができ、そしてもっともコストのかからない――無条件にもっとも確実だというわけではないが――モデルがある場合にのみ、強力な実現キャンペーンがなされ、莫大な広告予算を投じてそれは市場に送り出される。

技術官僚政治の魅惑的なイメージが生まれたのはそのようにしてである。それはアイデアに満ちており、ますます新しいことを試み、その影響を一層広く及ぼす。何の具体的な解決策も、何の実際的な代替案も示す資格のない数多くの不安を抱く人々、反抗する人々に向かってである。それゆえ、私は、新しい社会運動——一層正確に言えば、その中の一部、とりわけその軍事的な核——に対して、それが時代遅れの戦略を用いていることを非難する。技術官僚政治がその完成に向かって前進している間、勇気のあることは確かだが頭の働きの鈍い抗議運動の一部は、時代遅れの防衛の軍事的イメージに固執しているだけである。しかし、こうした仕方では必要な新しいものは生じないのである。

抵抗運動——想像の「工房」

私が思うには、抵抗の運動は、常に新しいアイデアに富んだ抗議とともに、煮えたぎる「アイデアの坩堝《るつぼ》」となり、絶えず新しい問題解決を生み出すのでなければなるまい。技術官僚政治が一層洗練された装置を革新的に開発すればするほど、社会的問題との接触の点では動きのとれないものとなる。今日の技術官僚政治は、その頂点に至るまで、こうした社会的困惑に襲われた。それに対しては、まったく適切な助言や忠告を生み出すことで答えなければならないだろう。可能ならば、共鳴する専門家たちの協力を得て、一層人間らしく合理的な世界のあらゆる面に寄与する構想を絶えず生み出し、危機に瀕した「異常な」現代にそれを対決させねばならない。そのように直観的に想像を生み出すことが、「未来工房」のやり方である。それについては、この論難の書においてなお語らねばならないであろう。しかし、私はそれにのみ照準を合わせるつもりはない。困惑し不安に陥っている人々が、彼らのきっぱりした「否」を、彼らの望む「諾」で補おうとするかぎり、社会的な発案と革新はどこにおいてもなされうるのである。

問題の解決をめぐる熟慮が、万一のために時を逸せずになされるべきだ、と私は思う。――水がすでに髪にまで達してやっとというのではなくである。重大な窮状が切迫し始める時――そして、われわれの「事故社会」ではそれはいくらでもあろう――、創造的な抵抗勢力がすでに仕上げている提案を印象深い形で指示することができる。今日すでに反主流の化学者が、「柔軟な化学」の研究を実際に行っている。このことは次の化学災害の際には決定的な意味を持つことになろう。その時、「私たちは皆さんに、産業化学は危険である、と常に言ってきました」と言うだけでなく、「私たちは、化学的生産は変えられ、人間および環境と調和するものにしなければならないということをすでに知っているのです」という言葉が、一般大衆に対して印象深く訴えられる。

われわれは強力な想像力の運動を必要としている。それには少数の専門家ばかりでなく、関心を持つすべての人々——従って素人——も参加するべきであろう。私は、これまでより一層多くの同世代の人々が精神的な抵抗を実行するよう提案したいと思う。彼らが新しい社会的関係、別の生産的可能性について具体的に考えることによってである。それらがいつどのようにして実現されるべきかを、まったく厳密に予知することはできないにしてもである。このような仕方で未来を先取りする人だけが、未来に実効的に影響を与えることを望みうるのである。

従って、私は、直ちに実現する機会はないとしても、提案が大量に生み出されることに賛成である。歴史に残りうるだろう構想の例として、代替エネルギーのシナリオ、ホセ・ゴールデンバーク、トーマス・B・ジョハンソン、アミュリャ・K・N・レッディおよびロバート・H・ウィリアムズの「持続可能な世界のためのエネルギー」(*Energy for a Sustainable World*) がある。[12] この創造的で多くの事実を盛り込んだ研究は、一九八七年九月にワシントンの「世界資源研究所」によって公刊された。[13] それによれば、二〇一〇年までには、世界人口の倍増が予測されるにもかかわらず、一層知的で節約的なやり方によって、せいぜい一〇パーセントのエネルギー需要の増加が必要となるだけである。それによって、

(12) Goldemberg, José（一九二八〜） ブラジルの物理学者。サンパウロ大学教授を経て、科学・技術相、環境相、教育相、ブラジル科学振興会会長を歴任。エネルギー・環境問題で指導的な役を担った。

Johannson, Thomas B. スウェーデンにおける再生可能エネルギーの開拓者。ルント大学エネルギー・システム分析研究所教授、国際産業環境経済学研究所所長を務めた。

Reddy, Amulya K. N.（一九三〇〜二〇〇六） インドのバンガロール中央大学、ロンドンの英帝国大学で学び、電気化学を修め、地方のエネルギー技術を研究、適切なエネルギーのあり方を追求し、持続可能な開発を首唱した。核エネルギーと核開発に反対し、ガンディーの教えを信条として教育にも意を注いだ。生涯クリケットを愛したことで知られる。

Williams, Robert H. プリンストン大学環境研究所上級研究員。エール大学で物理学を学び、カリフォルニア大学で理論プラズマ物理学を研究し、学位を取得。ミシガン大学理学部で指導。フォード財団によるエネルギー政策プロジェクトに参加し主導した。

(13) 環境と開発に関する国連世界委員会（ブルントラント委員会）は、一九八七年、将来の世代の経済発展の基盤を損わない形で経済開発が行われることを開発の基本的な考え方として打ち出した。第七章注（17）参照。

地球住民のすべて、とりわけこれまで第三世界で冷遇されてきた人々にも十分な供給がなされるのである。そのため、核エネルギーは少なくとも過渡的な解決策として依然なくてはならないという議論は、以前よりもすり切れたものとなる。そのような研究成果は、私にとっては、具体的なユートピアが生み出さねばならないものの例である。抵抗運動は、単なる防衛の立場から脱して未来を形成しようという方向に向かおうとする場合には、そうしたユートピアを必要とするのである。

知識人の課題

ここに知識人の重要な課題の一つがある。彼らこそは、既存のものの必要な分析にかまけて新しい構想の発展を許し難いほどに疎かにしてきたのである。彼らは鋭い分析はするが、処方は提示しない。医者が決してそうできないのと同じように振る舞う。批判的評価は不可欠だが、治癒の思想の多様な発展によって補われなければならない。現代の危機に対する社会的想像力を発揮させる方法を開発し、実践において確かめることに成功する場合にのみ、差し迫って必要な社会的革新の企画が生まれうるのである。

科学の時代の初めに登場したフランシス・ベーコン(14)は著書『ノブム・オルガヌム』の中で近代の実験科学の方法を開発しただけでなく、その技術的応用の可能性と社会への影響も育んだ。彼は、当時、科学の宣言を受け入れただけでなく、自然科学の世界像に合致する社会的企画を採用したのである（その最後の産物とわれわれは今日格闘しなければならないのだが）。

対抗的な今日の批判的精神は、新しい科学的分析、助変数や方法を開発するだけでなく——何よりも芸術家たちの支持を受けて——遅まきながら永続的な社会的政治的な発明の企画を育まなければならない。この企画には、もちろん——終焉しつつあるエリートの支配の時代ときっぱり袂を分かって——生きる価値のある未来に関心を持つすべての人々が最初から参加していることになろう。

(14) Bacon, Francis（一五六一～一六二六）　イギリスの哲学者、政治家。古典的経験論の祖とされる。「知は力である」として、科学による自然支配を提唱した。*Novum Organum*, 1620.

第二章　原子力帝国から技術帝国へ

産業社会のお偉方は、時代遅れの自分たちの社会的政治的に反動的な目標を、新たに進歩への陶酔を呼び起こすことによって隠蔽しようとしている。

全体主義的な技術官僚政治《テクノクラシー》

「未来観念の高揚と衰退は、文化の高揚と衰退に先行するか、それと並行する。社会的な未来像が積極的で発展している間は、文化の花は満開である。しかし、この未来像が壊れ始め、生命力を失うや否や、文化は長く生き延びることはなくなる」。

これは、オランダに住む社会学者フレート・ポラク(1)が、第二次世界大戦の直後に、歴史的変化について講じた仮説である。それは、技術官僚政治の未来像によって支配された時代に驚くほど的中する。産業経営者と官僚たちは、彼らの科学技術的頭脳集団と手を携えてなお現在を規定しており、次の未来も規定していくだろう。だが、彼らの進歩観念は、ますます無謀で逃げ道のないものとなりつつある。なるほど、彼らは彼らの支配を年を追うごとに確固たるものにしようとしている。だが同時に、その支配は失敗や不信そして不

（1）Pollak, Fred（一九〇七〜一九六五）　ドイツにおける未来学の創始者の一人。代替的未来をめぐる想像力の中心的役割を理論化することに貢献した。

安によってますます深く動揺させられているのである。

責任感があるとは言えない責任者たちの中でも一番頭の良い者たちは、このことを知っており、彼らの思考と行動によって規定された歴史の時代の終焉を押しとどめるか、少なくとも先延ばしにしようと、新しい可能性を常に探している。絶えず新しい負債を重ね古い負債を隠そうとする債務者のように、統制と搾取の方法を一層強化することによって、地球とその住人の支配が行われている。

「原子力帝国」(2)の始まりに私が最初に思いあたったのは、一九七七年二月にブロクドルフの原子炉建設に反対するデモに参加してのことであった。その後、それは、一層リスクの多い無謀な技術官僚政治の支配計画を「ハイテク」の新しい成果によって推進してきた。今では、それは生活のなりゆきと思考の実体に関わりを持つようになっている。それどころか、想像力すらが飼い慣らされ操られるべきだとされている。まず、こうした「技術帝国」は、人間と自然を全面的に——機械と同じように——自由にしたいという欲求を持つようになるであろう。

産業社会のお偉方は、時代遅れの自分たちの社会的政治的に反動的な目標を、新たに進歩への陶酔を呼び起こすことによって隠蔽しようとしている。最近の二〇年間にそうした雰囲気づくりの最も重要な牽引力として利用されてきた核エネルギーは、正反対の考え方を呼び起こしてきたが、その後今では、情報工学なかんづく生物工学が希望の担い手として宣伝されている。

不治の病や遺伝的疾患は、予防的な遺伝子検査や微生物学による処理を通じて撲滅されると言われる。一層耐性のある植物、動物そしてついには人間までが、それらの「原始的な」祖先よりうまく産業の生産活動の有害な副作用を処理するようになろう。情報科学は矛盾に満ちた混沌状態の中で全体を見渡すことを可能にし、計算不可能なものを計算できるもののように見せかける。

生物工学と情報工学は、技術帝国のすばらしい新たな進歩計画の中で、一層前進的で一層壮大な構想に結びつく。人間の意志と打算的な計画によって操られる生命は、進化の過程そ

(2) 著者は、一九七七年の『原子力帝国』(*Der Atom-Staat*) で、原子力発電の危険性を指摘するとともに、その導入が国家・社会の硬直化と民主主義の危機を招来すると警告した。訳者解説参照。

のものを意識的に形づくることを可能にするとされる。その進化は、最後には、全人類を一層高い生存の段階に導いていくというのである。すなわち、健康な生命を長く維持すること、操作による知性の高度化、生きたものを処置することによる空腹の永久の消滅などである。

チェルノブイリの事故から数週間の後、われわれは初めて、その時までは無関心であったか諦めていた多くの消費者たちの、大規模な不安のうねりそのものを経験した。産業の攻撃が彼ら自身の健康に対して加えられているが、自然の感覚器官では見ることのできないその帰結の後遺症が彼らの眼に一層明らかになるにつれ、そうした脅威に対して身を守ろうとする非政治的な人々の構えも一層高まることになるのだ。

技術官僚政治は、障害の不安に対して、とりわけ危険な企業に雇用機会があることを反論として持ち出すという情報戦略を用いてきた。それは長い間成功を収めてきたけれども、しかしもはや十分ではない。今日すでに、核および化学企業においては後継者不足という「隘路」がある。そして、それらが立地している場所に近接した共同体は停滞しているか、移住が開始されているという有様である。

ここで始まっているのが、「ハイテク」が他の技術の援助に駆けつけるという新しい戦術である。生物工学が七〇年以来初めて実用化されうるようになったが、遺伝子操作(3)の新たな可能性を用いて、環境の有害化によって脅かされている生命を一層抵抗力のあるものにするとされている。人間に関しては、このことはまだ成功していない。動植物においては、しかし、最初の試みが盛んに行われている。――批判的な科学者の抗議(4)や法の制定に骨折る者たちの熱意のなさ、性急で恐らく重大な影響を持つ実験に対する妨げを省みることなく達成しようとしているのである。

警告者たちは、そうした開発が少なくとも原子力の導入と同じくらい危険であることが最後には明らかとなるであろうことに注意を向けるべきだ、と時を逸することなく広く世論に訴えてはいる。だが、それは、さしあたりまだ耳を傾けられるまでには至っていない。批判的な精神を持つ人々の反応は、今度ははるかに敏速であったが、これまでのところ大

(3) 任意の生物の遺伝子DNAをその運び役となるDNAに結合し、異種の細胞に導入して増殖させる方法。
(4) 開発に疑問を抱く科学者による「憂慮する科学者同盟」が生まれている。『原子力帝国』第四章参照。

衆運動を起こすことには成功していない。脅威はそれほど容易には把握されえず、直接感知されることはできない。遺伝子組み換えの実験施設は、原子炉や再開発施設ほどには人目につかない。その壁の向こうで起きていることの完全な意味を前もって最初に理解できるのは、さしあたりごく少数の人だけである。

狙われる自然の貧困化

環境の破壊に対抗するために欠かすことのできない環境政策が、精力的に進められている。だが、それを実施する代わりに、今では科学技術の永久革命を信奉する者たちによって、攻撃的な生物政策が準備されている。それは、天然の産物を改造して、原子力産業や煙を吐き出す石炭火力発電所や化学工場、それに世界中至るところで拡大している実り豊かな大地の破壊によってもたらされる、もはや否定すべくもない副作用を将来処理できるようにしようとするものである。

そうした自然の改造に対しては、またもや偽善的な人道主義的理由づけの宣伝が行われる。分子生物学的事象に関する知識と、それらに目的どおりに影響を与える能力が、数年以来急速に増してきた——西側世界だけですでにほぼ五千の企業がこの新たな分野に存在している——が、こうした可能性を利用することが妨げられることはどのみちもはやない、というのである。

それゆえ、人類は進化をさらに遂げること——それも「高い責任感に担われて」であることは自明である——の引き受け手となることを決意すること以外にできることはもうないとされる。これは、聞こえはいいが、それらの「手」はほとんどもっぱら技術官僚たちの手であり、配慮の行き届いた民主主義的な機関の命令に拘束されることを嫌うことに関しては、何も言わない。法的な注意規則に抵触することはまったく明らかであり、非難や責めは前もってすでに「発展の代償」として計算に入れられている。「障害」が大きくなるならば、危険な遺伝子組み換え実験は、それらが禁止されていない国々——とりわけ第三世界の(5)——に移される。

(5) 自由主義陣営にも社会主義陣営にも属さないアジア、アフリカ、中南米の発展途上国の総称。

マスメディアは、なかんずく、例えば奇形体の栽培といった生物工学のセンセーショナルでさしあたりまだありそうもない可能性について、思惑をめぐらしている。その間、国際的な巨大産業は、ずっとセンセーショナルでない、国際的農業市場の生物工学による変革を、人目につかない形ですでに成し遂げている。その変革は、ほとんど専ら商業的な利用への関心に規定されており、農業を若干の強力な私企業の処分権に従属するものとする。

このことは、種《しゅ》を独占する傾向が増しつつあることで明らかになる。その種は、これまでは代償なしに第三世界の種の資源の中の「遺伝子プール」から繰り返し補充されているのだが、今では「改良された形で」操作され、世界市場に持ち込まれる。それに対して、より貧しい農民たちは、こうした効率のよいやり方をすることがまだできないでいる。

この市場における比較的新しい支配者は、サンドス、チバ・ガイギー、デュポン、アトランティック＝リッチフィールド、オクシデンタル・ペトロレウム、そしてとりわけ石油コンツェルン、ロイヤル・ダッチ＝シェルといった、この分野に不慣れな世界的企業である。最後のものは、一九七二年から八二年までの一〇年間に、三〇以上のアメリカおよびヨーロッパにある中規模の農業企業を知らぬ間に手広く買収していた。これらの企業は、それまで、種の内容豊かな提供を世界市場に行ってきたのであった。これら新たな所有者たちは、それらが前もって処理したわずかな種を集中的に栽培することによって、可能なかぎり高い効率を追求するという彼らの原則に従って歩んできた。それらの種には、農薬も同時に含まれていた。

ウォールター・トゥルエット・アンダーソン(6)は、カリフォルニアに住み、これら余りにも注意を払われない出来事を観察してきた結果、次のように報告している。「かつて――世紀が変わろうとするばかりの頃は――一冊のカタログの中に栽培可能な豆の種がほぼ六ページに亘ってびっしりと印刷されていた。多国籍企業が事業を引き受けたとたん、そうした古めかしく実用的でない習わしはなくなった。それらのリストは除去され、多くの種が捨てられた」。そうした市場の決定はどれも、近代的なオフィスの中でコンピュータを指で叩くことによってなされるものだが、進化を統制することに向かって少しずつ歩み寄ることに他ならない。また、別の批判者、科学ジャーナリスト、ジャック・ドイルは明言

(6) Anderson, Walter Truett(一九三三～) アメリカの政治学・社会心理学者。

する。「一定の種が商業的な供給から脱落させられる時は、何時であろうと、それが最終的に消滅する直前なのである」。

まだそれほど進んでいないとしても、類似のことが畜産の領域で進行している。動物の精子や胚を冷凍する技術によって、品種の選別が世界的規模で制御できるようになる。生物学的操作により、例えば、牛が「より儲かる」ものにされる。頻繁に子を産み、より多くのミルクが出るようにするのである。特定の遺伝子を組み込むことで、脂肪分が少なく、肉が多く、従って他の品種より世界市場で好まれる豚を「生産」することができる。

ノーマン・マイヤーズ(7)は、近年、熱帯の植物相と動物相の保存のために先駆的に戦う人として世界的に知られるようになった人物である。彼は次のように予言した。もしブラジルやアジアの熱帯雨林の伐採が容赦なく続けられることが阻止されなければ、二〇〇〇年までには恐らく百万に達する動植物の種が永久に消滅するだろう、と。今日、彼は再び警告している。実験所での遺伝子の操作によって、われわれの惑星の多くの生命は、機械化された開墾事業の電動のこぎりやブルドーザーによるよりも遥かに深刻な脅威にさらされるかもしれないからである。

これらすべてのことを、生物工学の予言者たちは、急激な人口増加に脅かされている世界の食糧需要の増加を指摘することで正当化する。大地の貧困化を阻止し、住民の真の需要に応じた生産と食料の一層適切な分配のために働くのではなく――、ますます希少になりつつある若干の種の収穫を遺伝子操作により強化することによって、世界的規模での収穫の破局が訪れる可能性が呼び起こされる。数と多様性において少ししか残っていない単式栽培が、すなわちまだ有効な対抗手段のない――目下エイズ・ウイルスの場合のように――ウイルスによって襲われるとしたら、別の種に救済策を求めることはもはや不可能であろう。合衆国やソビエト連邦[8]そしてドイツ連邦共和国に設けられている「種の保管所」が緊急時の援助のために十分長く維持されうるということは、批判的な専門家たちからは真剣に疑われている。

(7) Meyers, Norman（一九三四〜）　特に生物多様性をテーマとするイギリスの環境保護運動家。
(8) 現ロシア連邦が生まれる前のソビエト社会主義共和国連邦（一九二二〜一九九一）。

情報科学の破壊性

二〇世紀の半ば以来、まったく新しい別の破壊過程が始まった。被害者の大多数はそれにまだ気づかないでいる——それどころか、多くの人々はそれを豊かにすることとさえ見てきた。私が語っているのは、とりわけテレビの普及とコンピュータ技術の発展に現れている電子通信の作用である。

過剰な情報の中で浮かび上がるのは、たいてい出来事の上辺だけである。だが、その過剰さは、人間の感覚の多様性、独自の観察能力、人間的な出会い、手の器用さ、個人の創造性の貧困化の増大を代償としているのである。従属性と受動性が標準化された大量生産物の消費とともにすでに始まっていたが、それは大量通信情報の消費によって一層強められつつある。

家庭に強い影響力を持つ映像が流入することの憂慮すべき結果は、労働界にコンピュータが押し入ることによって強められている。産業界の市民は、彼らから独自の思考を奪い、個人的な想像力を抑圧する「プログラム」によってますます長きに亘って、また一層強力に操縦されている。

これらの発展に多くの市民がどれほどの不快感を今日すでに抱いているかを、私の研究仲間と私は聞くことができた。それは、ノルトライン・ヴェストファーレン州の様々な場所で、「人間と技術」という研究計画の一環として、すべての住民研究グループから人々を招き、「未来工房」[9]で新しい情報・通信手段に対する彼らの異論を表明することを求めた時のことである。

数多くの苦情の理由は、主に五つにまとめられる。

・孤立化——人間が孤独になる

・粗暴化——人間が他人に対して感受性を持つことを忘れる

・不機嫌——心身の不快感が増す

・感覚喪失——感覚器官が退化する

(9) 本書第五章を参照。

・積み木的思考――想像力、創造性が失われる

私は、「コンピュータは聾唖にする」という報告書から抜粋して引用する。「新たな技術による孤立化を、人々はまず彼らの職場で感じる。処理システム、テキスト自動表示器、パーソナル・コンピュータによって同僚との直接的な接触が困難になる。……互いの間の対話や話しあいは余計なことになる。ブラウン管を見ることは、注意の集中を必要とし――社会的な接触は注意を逸らす。職場での経験は、待望される「電子家庭」に移される。技術と交わることによって、人間は孤独になり、……隣人との情報交換は……一層稀になる。衛星テレビが……全世界を家の中に持ち込む反面、社会的環境、近隣、街角における人との間の近さは失われる。人間は至るところにいるが、しかしどこにもいない……。

新しい技術による粗暴化が、他人に対する感受性が失われるところで始まる。人々との交わりが技術との交わりより少ない者は、微妙な交際の多様な仕方のすべてをこなすことはできない。感受性や感情は、やはり、矛盾なく争いのないコンピュータの論理には適合しない。……家庭用コンピュータを持っている人々にとっては、プログラミングの方が議論することより易しい。……接触はプログラムの論理のようにはいかない。――手近な逃

げ道は、暴力である……。同様に、妬み、エゴイズム、ごり押し的な考え方が増大する。――〈技術人〉。……特別の危険が子供や若者に対して生まれている。彼らは世界をせいぜい自分自身との関係においてしか体験しない。彼らにとっては、他人との共同性、一緒に働くこと、互いに支えあうことなどはもうない。彼らは、〈われわれ〉ではなく〈私〉を強調する。

助けるものなく、一人で機械的機構に引き渡されていること――魂を不健康にするもの。受け身であり怠惰であることは咎められ、技術の圧倒的な力に抗して自分を守る市民の勇気は失われる。参加者は心の中で無力感と悲しみを感じる。……画面の答えを緊張して待ったり、見ることのできない操作に対する不安は、ストレスを生む。……それに、背中の痛み、画面の光線、コンピュータによる視力の低下が加わる。

テレビやビデオによってすでに、また今ではコンピュータの画面によって、視覚的な印象が一方的に前面に押し出される。〈コンピュータは聾唖にする〉は、新しい技術による感覚の剝奪に対して宣伝効果のある文句である。……一方だけの過剰があるかと思えば、他の感覚（触覚、嗅覚、第六感）に対する刺激が欠けている。……新しい技術は、われわれの内なる感情に耳を傾けることを妨げ、〈われわれの内面の耳を塞ぐ〉。コンピュータの論理は、ものの考え方にも浸透する。積み木的思考が広まっていく。人々はコンピュータのモジュールに似たものとなる。彼らは一次元的かつ二進法的にしか考えない。イエスかノーの他に選択肢はなく、多様性も深みもない。……押しボタン式の気質が勝ちを占める。感覚的経験が欠けているからであり、全体を見渡すことより断片的な知識が教えられるからである。〈箱〉から取り出された真理が信じられなければならない。問題を考え抜き解く力は退化する。新しい技術を用いることは、〈永遠の乳児とするべく調教すること〉である。……コンピュータなしでは、何も進まず、想像力や創造性すらコンピュータ化され、論理的合理的な基準は下に置かれる……」。

私が例外的にこれほど長い引用をしたのは、技術的革新によって被害を受けた人々が、そのようにとうとう自分で口を開き始めたからである。高度に産業化された地域の市民たちが新たな支配の道具に関してそれほど明瞭かつ批判的に発言し、もはや――まだわずか数年ほど前のようには――新しい技術の魅力の虜になってはいないということを、私は励ましとして体験したのである。

二つの学位を持つテュービンゲン大学教授カールハインツ・シュミット教授[10]ならば、彼らを恐らく「環境および社会空想主義者」もしくはそれ以上に「平和の山師」として片付けることであろう。一九八五年に出版された著書『ドイツのシリコン・バレーの夢』において、彼はそのようにけなすことで、憂慮すべきことをすべて笑いとばそうとする。彼は、その上、『ヨハネ福音書』と取り組み、全情報社会にキリスト教のマントを掛けようとする。

福音書の冒頭の句「初めに言葉があった」[11]は、人類の次の発展段階に対する「基本的な宇宙論的理念」を含んでいる、と彼は明言する。その際「言葉」という語は、混沌状態を構造化する情報の流れを含意していることになる。人類学的な理念としては、「言葉」はまた動物的な被造物の段階から精神的存在者になるまでの人間の進化の象徴でもあるとされる。それは、とりわけ技術的発展の中で開示される福音なのであるという。

(10) Schmidt, Karl-Heinz マルティン・ルター大学地理学研究所教授。シリコン・バレーは、アメリカ合衆国カリフォルニア州サンフランシスコ市南東方の渓谷地帯。半導体企業が集中しているため、この名がある。

(11)『新約聖書』ヨハネ伝、第一章第一節。

だが、そうではない。——技術官僚政治を駆り立てて「情報社会」を全力を挙げてできるだけ強力かつ迅速に促進しようとさせているのは、まったく別の動機なのである。そこには、まず、市場における巨大な収益の機会がある。市場は、七〇年代の半ばにはすでに伝統的な産業製品で溢れていたが、今では消費者をますます新たな支出に向かわせようとしている。なぜなら、不断の革新の結果、購入品が平均以上に早く古くなるため、絶えず新しい購入品が必要となるからである。

それに加えて、より以上のまたより強い投資への刺激として作用するのは、(金がかかり、経営者の側から「当てにできない」と見なされる)労働力を、情報科学によって制御された産業ロボットで置き換える傾向が増すこと——そして、ついには余剰の人員、さらにはすべての市民を監視する可能性を拡大し強化できるようになることである。

おそらくまた、期待されているのは、孤立化させ、人々の間の連帯を弱め、受動的で従順な態度を教え込むことによって、まさしく際限なく公開された情報の幻影とともに生活しているがそれを用いる機会を持たず、実際には申し分ない臣下の役割を演ずる心構えしかない人間類型を創り出すことであろう。

しかし、市民を情報媒体やコンピュータによって精神的に条件づけることが望まれるとしても、それは部分的にしか成功していない。——そして、実際には失敗しているのである。全体主義的な体制は、一〇〇パーセントの一致を要求するからである。だが、そうした一致は、市民に対してまだ公共的かつ私的な自由の余地を認める憲法を持つ国家においては、達成されない。十九世紀および二〇世紀前半においてもなお行われていたように、批判的な情報を長期に亘って自国の市民から遠ざけておくことは、今日支配権力を握る指導者たちにはできないことである。「現実的社会主義」の陣営における独裁者たちですら、こうしたことは決してなしえなかった。

原子力帝国から技術帝国への危険な道を歩む高度産業社会を批判する人々は、これらの機会を利用することができた。数多くの市民運動や企画——出版社、印刷所、劇場、映画制作グループ——が生まれている。それらは、張り紙、ビラ、オーディオカセット、ビデオ記録、映画、新聞、雑誌、書籍、冊子——および代替的なコンピュータ網——によって反対世論を創り出している。ここでは、通信技術が自由な意見表明のために転用され、技術官僚政治を動揺させることに投入される。

批判的な情報や代替的な構想を広め普及させるこれらの努力を量的にのみ測ることは誤りであろう。他のジャーナリズムと比べてそれらが持つ特殊性によって、従来のやり方とは異質な伝達と分析の仕方が一層強く眼に映る。それらが持つ別の質は、自己検閲もしくは操作によって不完全さと隠蔽に追い込まれる情報媒体の量に対して、一層多く勝利を収めている。――それどころか、それらの破壊的かつ建設的な力が、支配的な情報媒体に作用して、批判的な情報の余地を「企画」の中に設けさせることができた事例が、極めて多くあったのである。――「標準的な」ジャーナリズムもまた、「代替的な」情報媒体の圧力のもとで、一層強く批判的なテーマのために紙面を割かざるをえなくなっている。

第三章　エリートたちの懐疑

材料を扱う専門家は、原子炉で用いられている金属が長い間には脆くなりすぎることを知っており、近いうちに自分自身が最も低く見積もられている「残りのリスク」の犠牲となるかもしれないということを予測することができる。

「頭の中の鉄」への反抗

進歩への信仰が不信に、進歩への希望が恐怖に変わったのは、技術帝国によって被害を受けた人々やそれに従属する人々においてだけではない。革新によってますます加速され、加熱され、禍《わざわい》に一層近づきつつある針路の舵取りに携わる人々においても、憂慮は増している。彼らがこうした懐疑を告白することは例外的にしかなく、彼らに叩き込まれた信念を誇張して表明することで、湧き起こる自信喪失を鎮めようとすることがよくあるとしてもである。

こうした内面的な亀裂が、われわれの文明の技術官僚政治の司令部の中枢にはあるのである。だが、それが外に見えるようになるのは、指導的な経営者、高官、あるいは著名な科学者が、折に触れて彼らの懐疑を公にする場合だけである。「支配層」がこうした懐疑表明をあしらう仕方は、技術的な故障を扱う仕方とまったく同じである。彼らを黙らせることはできないとしても、彼らを無害化するか、例外として軽視しなければならないというのである。

とはいえ、誰であれ懐疑を告白する人には、少なくとも同じように考える人たちが同じだけ味方に付くことはあろう。その考えに従って立ち上がることはないにしてもである。そのようなことをすれば、彼らの職場を失う危険を招いたり、――大抵の人たちにとってはもっと大きな重圧となることだが――彼らとうまくいっている同僚たちの不信を買うことになるだろうからである。その際、同僚たちは、彼らには忠誠心がないとか、不意に断ったりするとか、さらには老齢であるといった非難を加えるかもしれない。

経済的、制度的従属性、頭の中の「鋏」ないし「内なる鞭」が――そもそも起こるとして――その力を失うのは、活発な職業生活から退いてからのことである。年金生活の年齢に達した専門家たちこそは、あからさまな懐疑や自己批判的な告白を真っ先に期待できる人たちである。アメリカの核武装の指導的な主唱者の一人、リックオーバー提督(1)は、とりわけ原子力潜水艦のために奮闘し成功したことで知られているが、亡くなる少し前に、彼の生涯をかけた仕事は間違いだったと語った。ロスチャイルド卿(2)はイギリスの抑止戦略の構築者の一人だが、国防相の顧問としての彼の仕事を自己批判的に「魔女の箒《ほうき》で飛ぶこと」

に喩えた。

そうした「ばつの悪いこと」をなくすために、若干の国では多くの雇用契約に条項を付し、署名した者に、会社や官庁を退職した後でも以前の仕事に関して「否定的なこと」を「運営に関係ない者」に打ち明けてはならないという義務を課した。ドイツでは、生涯を縛るそうした「忠誠条項」が第三帝国が続いていたあいだ一般的に導入され、多くの機構によって後の時代まで引き継がれた。

にもかかわらず、人は、そうした規律を強いるやり方は、最新の技術に発する危険の圧力が増してゆくことを前にしてなおお持ちこたえられるのか、と疑うことができる。技術官

(1) Rickover, Hyman George（一九〇〇～一九八六）アメリカ合衆国海軍提督。海軍原子炉の指揮官として、核による推進力の独自の開発を指揮するとともにその操作を監督した。

(2) ロスチャイルド（ドイツ名、ロートシルト）は、ヨーロッパ最大のユダヤ系銀行家の家柄。第三代ロスチャイルド男爵ビクター・ロスチャイルド（Rotschild, Victor 一九一〇～一九九〇）は、保守党政権ヒース内閣のもとで政策を提言する委員会の委員長（一九七一～一九七五）を務めた。

僚の支配する体制の指導者たちは、おそらくヒトラー(3)やスターリン(4)の時代よりは大胆ではないであろう。むしろ、彼らは、急速な環境の破壊や不断に強化される軍備から生じる生命への脅威が、無名の誰か「別の人々」にだけ関係するのではもはやなく、彼らと彼らの家族にも関わることだと理解し始めたのである。

材料を扱う専門家――私はここでまったく具体的な事例を引用する――で、今日なお原子炉の中で用いられている金属は余りにも脆弱で、原子炉の内部での中性子の流れに長時間耐えることができないと知った者は、近いうちに自分自身が最も低いと見積もられている「残りのリスク」の犠牲となるかもしれないということを予測することができる。

こうした状況の新しさはどこにあるのか。というのは、新しいのは、――よく注意して貰いたい――単に産業システムの上層部にも懐疑家、批判者、「異論を持つ者」はいるという事情ではないからである。むしろ、新しさは、まさしく科学技術に携わる職責のある指導者たちがますます特別の困惑や不安に直面していると自覚せざるをえないことにあるのである。すなわち、これらの専門家たちこそは、しばしば、彼らが責任を負うべき危険、近くまた遠い結果に今日にも「気づく」ことのできる唯一の者たちなのである。

これまでの産業の進歩の歴史の中では、その影の面は非対称的に配分されていた。「下層の者」、機械に縛り付けられた作業員と、スラムや産業地帯に住む彼らの家族には苦悩と不安が付きまとい――ブリッジに立つ航海士や産業の指導者には成果の決算表と信頼がある。古いタイプの「産業の職員」は、コンベヤーの坑や工場の無名の労働者の危険に曝されることはないばかりか、一般にそれに気づくことはなかった。しかし、事実上、生命と世界を脅かす危険がますます感覚的に気づかれえなくなっていく――「残りのリスク」

(3) Hitler, Adolf(一八八九〜一九四五) オーストラリア、ブラナウ出身。第一次世界大戦に志願出征。一九一九年ドイツ労働者党に入党し、これを国家社会主義ドイツ労働者党と改名。二三年ミュンヘン一揆に失敗、投獄され、出獄後合法的大衆運動により議会選挙で第一党となり、三三年首相、三四年大統領を兼ねて総統となり、ユダヤ人排斥を唱えて軍備を拡大、ベルサイユ条約を破棄し、三九年ポーランドに侵入、イギリス、フランスの宣戦布告により第二次世界大戦に突入したが、四五年敗戦を前に自決した。

(4) Stalin, Josef V.(一八七九〜一九五三) ソ連共産党の指導者。党中央委員、党政治局員を経て、一九二二年党書記長となり、二八年五カ年計画により工業化を強行、四一年首相に就任、第二次大戦中国防会議議長、赤軍最高司令官として戦争を指導した。戦後は東欧諸国に画一的路線を強制、動乱のきっかけをなした。

を人は「見る」ことはできない！——のに応じて、今日では逆説的に、危機の限界値を確定しなければならない者たちが、自分たちが責任を負うべき危険を、彼らの決定の被害者となる多くの人々より以上に直接「経験する」ことがよくあるのである。

これはまったく新しい状況である。それは、——一般化すればするほど——権力と無権力者の関係に後々まで影響を与えずにはおかない。技術官僚政治による決定がもたらしかねない帰結を、立場と専門的知識に基づいて一層厳密に洞察している人々は、ますます良心の葛藤に巻き込まれていく。彼らは、自分たちの生存を法に適った仕方で守るべく、経済的な従属性や大企業に自分たちを縛りつけている反道徳的な契約を無視したいという気にもさせられる——あるいは、なる——かもしれない。生き延びたいという関心が、階級の壁や指導層や法への忠誠心よりも徐々に強く作用するようになるかもしれない。

それゆえ、合衆国の科学技術の指導層の中には、「内部告発者」(whistle-blowers) の運動が生まれている。彼らは——やむをえず匿名で——世間に向けて、「怪物の中で」どのような欺瞞的で規則違反の出来事が起こっており阻止されねばならないかを伝える。これらの「密告者たち」は、彼らの仲間との連帯を雇用者への忠誠心より上に置いているのであり、彼らにとって極めて重要な情報を得るための信頼に足る出発点が提供されることがますます多くなる。こうした分野も、着想の豊かさ、想像力や巨大な抵抗運動の計画が単純な「敵味方」の線引きより重要となるであろう領域である。その線引きによっては、「反対の側にいる」極めて重要な盟友たちが大げさに不信の的としてあしらわれるのである。

秘密科学への回帰？

権力と科学の関係が長い間には破綻することにならざるをえなくなる別の発展がある。それは、国家と産業が国家的・私的競争の中で避けることのできない広範囲の秘密保持に固執することによる。しかし、このことは、「研究の論理」、近代的学問の精神に抵触する。なぜなら、「研究の論理」は啓蒙思想の申し子であり、それが可能となったのは、十八世紀の反抗精神が貴族の情報特権や教会における宗教的な思想制限と闘ったからに他ならないからである。

権力の中枢におけるもっとも強い力、経済界と軍部は、研究の技術的応用が自分たちにとって最も重要な生産力となっていることを理解してはいるが、自分たちの創造的な生産のための条件を見下し、かつてのどの専制政治よりも強力にそうした応用を支配下に置き統制しようとしてきた。多くの研究所、実験施設、開発部門は、ますます、厳重に規制され部分的にはさらに厳重に閉鎖された領域に変わっている。「柔軟」と見なされる太陽光エネルギーの開発に対してすら、八〇年代の初めにはアメリカ政府によって妨害的な規制が加えられた。核の応酬の後では、生き残った人々にとって唯一太陽が最後の「反撃」の原動力として役立てられるであろうということが、ペンタゴン(5)における先見的な戦略家によってすでに計算されていたのである。——そうした展望は、来るべき「核の冬(6)」の闇に直面すればまったく無意味なのだが。

私はこうした否定的な開発そのものをゴールデン(コロラド)にある「太陽エネルギー研究所」へのかなり長期におよぶ二度の訪問によって手に取るように体験できた。私が最初に滞在したのは、カーター大統領(7)の任期の最後の年のことであったが、再生可能なエネルギー資源の研究を課せられたこの最大の実験所は完全に開放されており、ドナルド・ヘイズ(8)の指導下にあって、この新しい研究に熱心に取り組む数多くの卓越した研究者を引きつけていた。それから五年後には、立ち入りは官僚主義的に規制されていた。電子装置で確認された通行証を首からぶら下げなければならず、監視カメラがあり、全部門は「部外秘」か「最高機密」であった。陽気な気分、創造的なチーム精神が消えていただけではない。情熱的な研究員の多くもいなくなっていた。こうした制約の下では、彼らは一緒に研

(5) アメリカの国防総省のこと。バージニア州アーリントンにある建物が五角形であるため、この名で呼ばれる。

(6) 核戦争が起こった場合、核爆発による破壊や火災から生ずる大量の噴煙が太陽光線を遮り、気温が大幅に低下して冬の現象が起こるという仮説。一九八三年科学者などによる「核戦争後の地球——核戦争の長期的、世界的、生物学的影響に関する会議」で発表され、注目されている。

(7) Carter, James Earl, Jr.(一九二四〜) アメリカ民主党の政治家。第三十九代大統領。エネルギー対策、人権、外交などで積極策を打ち出したが、イランのアメリカ大使館員等人質事件処理の不手際などで支持を失い、共和党のレーガンに大統領の座を譲った。八二年NGO「カーター・センター」を設立し、平和、自由、人権を掲げて国際紛争の平和的解決に尽力し、民主主義と人権の発展に貢献したとしてノーベル平和賞を受けた。

(8) Hayes, Donald ネバダ州立大学エネルギー研究センター教授。

究する気にはもうなれなかったのである。

「宇宙戦士」の離脱

自己批判的な懐疑は、部分的には、アメリカの技術官僚たちが特に誇りとしている軍産複合体[9]の先頭的な研究者のもとでも見出される。大抵はまだ極めて若い「宇宙戦士」、自然科学者および技術者の間においてである。彼らは、合衆国の進んだ兵器実験所ローレンス・リバモア実験所で、ローウェル・ウッド[10]の指導により戦略的防衛（ＳＤＩ）構想の実現に携わっているのである。

彼らの行動の中に、技術官僚政治の最新の発展段階の弁証法を、参加が失望に、熱中が懐疑に瞬く間に転換する様とともに、見届けることができる。「宇宙戦士たち」は、ほとんど無際限の手段を装備した研究複合体の中で、考えられるかぎり最新の機械器具を意のままにすることができる。そうした機械器具は、最新の工夫によってさらに最新の水準に絶えず高められる。そこには、これまで凌駕されたことのない容量を持つスーパーコンピュータ、何億万ドルもした巨大な高性能のレーザー施設、危険な物質を扱うための遠隔操作器具、ネバダの砂漠における地下実験施設、世界中の公開・非公開の情報バンクへの接続回線などがある。

「創造者」の精鋭部隊——多くはアメリカの大学のもっとも才能のある学生の中から「スカウト」された、特別の才能を持つ幾百人もの自然科学者、数学者、情報学者、専門技術者たち——が、幾千もの質の高い専門家たちに支えられているのである。こうしたことは、地球上の他の地域では見られない外的研究条件である。

これら「怖いもの知らずたち」は、初めは、猛烈な集中力で彼らの企画に飛びつく。だが、大抵数カ月後にはもうその力は萎えていく。それは、すべての非日常的なことが慣例となってそれに馴れていくことに関係するだけでなく、これら並外れた神童たちが自分で

(9) 戦争から経済的利益を得る政治的経済的集団。アメリカではペンタゴンを中心とする軍部と巨大軍事産業群の癒着や相互依存が見られる。

(10) Wood, Lowell Jr.(一九四一〜) アメリカの宇宙物理学者。戦略防衛構想、地球工学研究に携わった。

よく考え、互いの間で多く話しあうことによって、これらの張り詰めた努力が意味も見込みもないことをはっきり知るようになるからでもある。科学の報道に携わるW・J・ブロード[11]は、リバーモアにおいてインタビューした際、計画された宇宙兵器システムが実際に働き、合衆国を敵対国の核ミサイルから防衛することができると主張する研究者を、一人も見出さなかった。最新鋭の道具で「ゲームをし」、予め達成できない目標を設定することは「遊び」であり、それが高い報酬の職場であり続けるのは、第三、第四、第五、第X世代の核兵器によって、最終的には「反対陣営」に対して決定的な優位を獲得することができよう、と軍事的委託者たちを言葉巧みに絶えず新たに口説き続けることによってのみなのである。

少なくとも一人の人物が、このゲームにこれ以上加わることを断念した。ピーター・ハーゲルシュタイン[12]は「研究所」の最も優れた頭脳の持ち主と見なされていたが、一九八七年の春、「宇宙戦争」に協力し続けることから手を引いた。

ハーゲルシュタインは貧しい境遇から身を起こした人であり、他の研究者もそうであったように、「宇宙戦争」計画に参加するためリバーモアにやって来たのだった。彼は「マサチューセッツ工科大学[13]」で研究している時に、私的な「ヘルツ基金」の一見あたりさわりのなさそうな広告の中で、物理学を人間的な問題に応用することに関心を持つ候補者を支援したいという記事を読んだからである。それが兵器の研究に協力することを意味しているようだと彼が初めて悟ったのは、リバーモアを最初に訪れ、高い柵と厳しい軍による監視に気づいた時であった。

それでも、ハーゲルシュタインは仕事を引き受けた。分子的構造の中の確認しにくい生物学的事象を三次元的に見ることを可能にする新しいタイプのレーザーについて研究することができる、と告げられたからである。そのようなレントゲンレーザーの発見に多くの科学者が何年もかけて努めてきたのだが、成果はなかったのであり、それが発見されれば

(11) Broad, William J.（一九五一～）『ニューヨーク・タイムズ』の科学記者、上級論説員。
(12) Hagelstein, Peter　電子工学研究所の指導的研究員。マサチューセッツ工科大学のアメリカ人教授。
(13) アメリカ・マサチューセッツ州ケンブリッジ所在。一八六五年工科大学としてボストンに開校、一九一六年ケンブリッジに移転、工、理、建築、経営、人文社会の学部と大学院を擁する。

注目を集めることとなろう。細胞や分子の三次元構造のモデルができれば、癌の治療に当たって決定的な進歩を遂げることが可能となるだろう――と期待された。ハーゲルシュタインにとって、それは学問的な突破口になったであろう。後に、彼は実際一種の「ノーベル賞」を取得したとのことである。もちろん、それは、微生物学や医学の分野の研究に対するものではなく、「ノーベル兵器製造賞」とでも名づけられる方がよい「E・O・ロレンス賞」[14]である。なぜなら、当時二十九歳であった青年が、リバーモアの研究会議で、可能な核レントゲンレーザーの発生に関する諸々の着想の一つを提出したのであり、それは計画全体に対して決定的な突破口になるとされたからである。「水爆の父」でありリバーモア研究所の創始者でもあったエドワード・テラー[15]は、直ちにレーガン大統領[16]にこれを知らせた。――それに基づいて、大統領は有名な「宇宙戦争」演説を行うことになった。

ハーゲルシュタインは熱烈な『サイエンス・フィクション』の愛読家であり、夢想家にして作曲家、輝かしい数学者でもあって、完全に疲れ果てるまで一四、一六、二〇時間にわたって自分の実験を続け、コンピュータプログラム、X線レーザーの研究をすることをものともせず働き続ける研究者であったが、こうした次第で、基本的には彼本来の職務の

（14）Lawrence, Ernest Orlando（一九〇一～一九五八） アメリカの物理学者。サウスダコタ大学で学び、エール大学で学位取得、同大学助教授を経て、カリフォルニア大学助教授、教授、及び同大学放射線研究所所長となった。一九三〇年代にサイクロトロンを発明、発展させ、原子核の研究を進め、ローレンシウムなどの人工放射性同位元素を作りだした。第二次大戦中マンハッタン計画に参加、ウラン235の分離に従事。戦後は、シンクロサイクロトロンの建設、陽子シンクロトロンの完成に貢献した。カラーテレビのブラウン管の発明でも知られ、三九年ノーベル物理学賞を授与された。五七年、アメリカ原子力委員会フェルミ賞を受賞。

（15）Teller, Edward（一九〇八～二〇〇三） アメリカのユダヤ系原子物理学者。ドイツの大学で学んだ後、一九三五年渡米（四一年帰化）、ジョージ・ワシントン大学、シカゴ大学教授、カリフォルニア大学ローレンス放射線研究所所長を歴任。第二次世界大戦中、マンハッタン計画に参加、四五年七月十六日の原爆実験に立ち会い、水素爆弾の開発・製造を強力に推進したことから「水爆の父」と呼ばれる。一九六二年エンリコ・フェルミ賞を受賞。

（16）Reagan, Ronald Wilson（一九一一～二〇〇四） 一九八〇年共和党の大統領候補に指名され、当選。「強いアメリカ」をスローガンとしたが、八九年再選後はソ連との対話を重視、地中海のマルタ島でのゴルバチョフとの首脳会談によって東西の緊張緩和をもたらし、冷戦を終わらせた。

計画に反して、リバーモアの最も重要な兵器の考案者となった。彼は自分の研究への熱狂的な情熱のために健康を犠牲にしたばかりでなく、恋人ジョシーとの関係まで犠牲にした。彼女は、数年来平和運動で活動していたのである。

彼はついに拒否という人目に付く行動に出たが、それは、「人的因子」が究極的にあらゆる学問的成果と技術的収穫より決定的であるという認識に基づいてであった。依然として極めて強い力を持つ兵器システムも、「敵対者」の予見できない着想に対抗することはできないであろうし、唯一の目標が破壊でしかありえない十億の計画に協力することは、人間の品位に相応しくないと考えたのである。

カインのしるし

次のように反論されるとしよう。ピーター・ハーゲルシュタインの問題は、特に典型的とは言えない個別的事例である、なお幾十万人もの科学者や技術者が直接間接に殺人的な絶滅兵器に力を貸している以上は、と。もっとも卓越した人々が科学者たちの平和運動に参加したにもかかわらず、そうした運動は、それほど著名ではないが幾千もの、あらゆる学部、ほとんどすべての国々の「憂慮する科学者たち[17]」と同様、いくら会議を重ね、声明を出し、抗議しても、余りにも無力であることがこれまで明らかにされはしなかっただろうか。戦後四〇年以上に亘って研究や開発の軍事化が進められてきたが、それは、以前よりも徹底的となり、細分化し、拡大しているのではないか。それは、最も落胆させることだが、争う余地のない事実であり、ゴルバチョフ[18]によって路線変更が試みられたにもかかわらず不可逆的に見える道なのである。

他方、別の文脈では、まさしくこの「不可逆的」という言葉に希望が結びつく。すなわ

(17) 第二章注(4)を参照。

(18) Gorbatschëv, Mikhail Sergeevich（一九三一〜） ソ連の政治家。八五年三月共産党書記長に就任、ペレストロイカ（建て直し）政策を掲げ、ソ連経済の再建、政治改革を遂行。共産党一党独裁を廃止、複数政党制を容認、大統領制を新設し、九〇年三月大統領に就任したが、九一年八月のクーデターで政治的権威を失い、同年十二月のソ連邦解体とともに大統領を辞した。第五章注（3）、（4）を参照。

ち、比較的少数の人々だけが針路を変えるのではなく、意味の変化と進む方向の転換を抗いえなくするのに必要な多数の人々が生まれるというのである。

「不可逆的」――すなわち取り返しがつかないということ、それは、最新の研究の発展の額に刻み込まれたカイン[19]のしるしである。試行錯誤を経て、科学はこれまで歩んできた。うまくいかなかったものは修正することができた。誤りは改良され、失敗した実験は成功するまで変えられた。なぜなら、科学は失敗からのみ学ぶものだからである。――このことを科学は進化と共有する。開かれた未来は、「誤りを友とする」文化においてのみ可能である。――そうした文化は、誤りを犯した後にそれを修正する可能性を残しておくものである。

「ここから引き返す道はない！」は、ますます多くの警告板に見られる文句である。原子の力による破壊が荒れ狂ったところ、広島《ヒロシマ》[20]以後製造され限りなく威力を増した爆弾の時代には、もう再生はない。遺伝学的な企てが成功しようがすまいが、進化の新しい道は永久に固定されているのである。幾千もの種が滅び、消滅して、再び呼び戻すことはできなくなる。環境を情け容赦なく扱うことによって気候の変動が引き起こされ、もはや押しとどめることはできない。情報システムへの従属は、日常生活の新たな一層複雑な仕組みの不可欠の部分となっており、そもそも放棄されることがあるとすれば、受け入れがたい犠牲のもとでしか可能ではない。

不可逆性のこうした危険についての意識は、多くの研究領域の中で不安を掻き立てる新たな雰囲気を生み出している。未来はますます閉ざされたものとなるようであり、自ら呼び出した強制によって遮られる一方のように見える。変えられたものを変えることは、ほとんどあるいはまったく不可能になる。

研究が未知の世界に向けて幾百、幾千もの扉を開けるということはもうなく、探求する

(19)『旧約聖書』創世記第四章に登場するアダムとイブの長子。長じて土を耕す者となったが、自分の供物、農作物が神に認められず、弟アベルの供物、子羊が喜ばれたことを妬んでアベルを殺したため、神に追われノドの地に至った。子孫のトバルカインは鍛銅・鉄に従事する者となった。

(20)第二次世界大戦末期、世界で初めて核兵器による攻撃を被った都市。一九四五年八月六日、米軍による原子爆弾の投下により、市街は壊滅、二十数万人の犠牲者が出た。戦後は、国際平和記念都市に指定され、長崎とともに核戦争の記憶と恐怖を伝えている。

者とそれに従う者とは険しい道を奈落へと転落していき、そこから連れ出す小道はもうないという認識は、数年後には見逃しえないものとなろう。その時、研究者の良心と自分の利害関心が呼び起こされることになろう。より多くの責任と連帯を呼びかけるこれまでの訴えを聞こうとしなかった人々も、ついには、短期的な関心を長期的な関心の犠牲にし、これまでよりずっと数を増した権力者たちに対して、協力を拒むようになるかもしれない。

新たな学生運動の始まり

一九八七年のドイツ技術者会議において、フランツ・ヨゼフ・シュトラウス[21]は宣言した。「有能な指導者のいない国は、未来のない国である。……未来の戦闘は、学校、大学、研究施設で行われることとなろう」。

これは、特に指導者たちが国家の中に何かいかがわしいことがあると気づいた場合に出される力強い宣言である。技術に囚われた権力者たちが心配するのは、若い世代の主たる行動意志は彼らの望む方向に向かっているわけではないということである。近年、私は新しい学生運動が生まれつつあるという考えを表明してきたが、ほとんど例外なく懐疑的な反応にぶつかった。しかし、最近では、この予言は一層真実らしいと思われる。一九八六年以来、世界中の多くの大学都市で力強いデモが起きた。ソウルやマドリード、パリやクラカウ、ローマや北京、デュッセルドルフやハノーファーで様々な動機から数万人がデモに参加し、抗議し、変革を要求した。[22]

ドイツ連邦共和国の大学では、様々な名称（批判大学、学習祭、市民大学、「命の徴」など）のもとで、学生の代表によって組織された講義やゼミ、討論会を催す行事が規則的に開かれている。その中では、公式の学問理解の背景が探られ、別の人間的な方向が討論

(21) Strauß, Franz Joseph（一九一五～一九八八）西ドイツの政治家。ミュンヘン大学卒業後、カトリック青年運動に属し、ナチスと衝突。大戦後キリスト教社会同盟（ＣＳＵ）の設立に尽力し、一九四九年連邦議会議員に当選後、原子力相、国防会議副議長、原子力委員会顧問、国防相を歴任、六一年ＣＳＵ党首となり、六六年キージンガー内閣の蔵相を務めた。八四年には連邦参議院議長となった。

(22) チェルノブイリの原発事故が起こった年。第一章注（9）を参照。

の対象となっている。私は、そうした催しの幾つかに参加し、これらの代替的な企ての中に漂う真剣さ、きっぱりした態度、そして部分的には水準によっても感銘を受けた。

「六八年世代」と比較して目を引くのは、この世代の別のスタイルである。それは、それほど片意地ではなく、「当時の」政治用語の乱発や専門的な長広舌にほとんど陥らない話し方をしている。それは、大学教育を受けたことのない人々の理解も得ようとし、彼らと連帯しようとしている。被害者を助け、権力者たちの議論を見破り論駁することができるようにする「科学店」の対抗専門人として、あるいは控えめであることを意識した市民運動の協力者として、この大学に学ぶ世代は、以前の学生の世代よりも遙かにうまく広範な市民グループと接触できていることが多い。

フランスにおいても、最近一九八六年から八七年にかけての冬に起きた学生反乱は、「六八年」の反乱の単なる継続もしくは再現としては決して捉えられえなかった。支配的な大学および科学政策に対する学生の抗議のこの「ヌーベルバーグ」[23]が拠り所とする価値は、「一九六八年とはまったく反対に、特に未熟でも、特に革命的でもなく、共和国の根本価値そのもの」であった（哲学者ポール・ティボーはそう語る）。

学問の自由と機会均等に反する国家と産業界の大学政策が、学生の抗議のこうした新しい波を引き起こしたのである。それは、監査を受けていない委託者によって研究手段が選択されることに対する抗議であり、経済的な利用をめぐる利害関心が教育・研究活動に及ぼす影響によって学習課程や職業への見込みが選別されることに対する抗議である。

そこには、「六八年」の運動との共通性もある。それらは、ヨーロッパの啓蒙思想と民主主義の伝統に基づく抗議であり――指導者の掲げる新しい構想の旗手たちがわれわれに信じ込ませようとするようには――「学問」に対する反逆なのではない。「自分で考えること」への勇気、「自分自身の知性を用いること」への勇気は、「ハイテク」の指導者の新しい僧侶政治（聖職位階制度）とも、ガウンの下で千年もこもり続けた黴臭い空気とも協調することはない。

この新たな学生運動の主な憂慮の一つは、産業および軍による目標設定が教育や研究に

(23)「新しい波」という意味。一九五〇年代から六〇年代前半にかけてフランスで起きた非商業主義的で自由な映画制作を行う若手グループの映画を言う。

一層強く介入することに向けられている。教育・研究が、いわゆる「枠外資金による研究」にそれほど大規模にますます新たに従属していく様が見出される。それと並んで、特殊な利害関心を持った立場から資金の提供を受ける多くの研究所や研究者は、世間にはほとんど知られることなく「次第に腐敗」していく。客観的と称される鑑定の偏向が発見され、中立性を装っていたものや正当性を偽っていたものが暴かれる。そして、——一部の教授たちの名声がこのように失墜することが明らかになればなるほど、「改革」への叫びはそれだけ大きくなる。それは、学問の立派な名声を回復しうるであろう叫びなのである。

近年の学生の抗議がほとんど必然的に力と意味を増さざるをえなくなっているということは、西側の産業国家の中で「二流大学」が生まれる傾向がますます顕著になっているという事実からも導かれる。「一流の研究所」と巨額の資金を要する特殊実験室を疎開させることによって、研究と教育の統一が脅かされる。この統一こそは、フンボルト大学[24]の制度の古典的理想だったのである。

ここでも、理由は、経済（と軍事！）が大学の領域に入り込むことに求められる。「人材発掘係たち」が、彼らの委託者たちのために、将来性のある大学生を学業が終わらないうちからいちはやく獲得するのである。彼らは、学生たちに、休暇期間の間の臨時雇いの身分を提供する。その身分は、後に正規のポストに変えられうるのである。こうして、少数の者によい就職の展望が開かれる。その一方で、大多数の者は最も不確実な将来を覚悟しなければならないのである。

勉学中の多くの学生が、先々、彼らの資格と期待にあった仕事を得る可能性はないということが、今日すでに予想されている。第三世界の多くの国々での発展には、若い学生の世代が見舞われるのと同様の、身分と職業の不確かさに襲われる見通しと危険のあることが見受けられる。就職と昇進の希望が挫かれた若い学生たちによって力を得るのは、これまではまだ主に反乱者の幹部であった。——しかし、具体的なユートピアと生き甲斐のある行動のできる見込みのない状況では、民主的で生きる価値のある未来に欠かせない大学

(24) 一八〇五年、フリードリッヒ・ヴィルヘルム三世の治下、フンボルトが創設したベルリン大学を母体とする。ドイツ最大の大学となり、世界の大学の模範ともなった。第二次大戦後東ドイツの管轄となり、現在の名称に改められた。法、農、園芸、数、自然科学、医、哲、神、経済学部を有する。

の後継者の多くが、逆向きのイデオロギー的政治的な（例えばイスラムの）「原理主義」[25]の誘惑の犠牲になる可能性がある。

変革を知らせる燕

しかし、諸機関に採用される人々は、技術官僚政治に対してより以上のことをやり遂げることができるであろう。ひとたび「自分のポスト」を見つけたならば――彼らはすべて順応的になるであろうという期待は、非現実的である。職業組合における平和運動の増大は、近年すでに新しい発展を示している。裁判官や検察官は、永続的で不当な生命の脅威に対して抗議し、他の市民たちとともに軍事的な施設への入り口を封鎖することによって、意識的に現行の法を踏み越えた。医師たちは、「病者を作りだす文明」に決然と個人的に立ち向かって闘った。官庁の役人は、――最近次官ハルトコプフが暴露したように――、彼らが所属する省庁の企画に反対する市民運動に対して財政的・組織的な援助を行った。教師たちは技術官僚政治の政策の弊害と帰結を生徒たちに説明した。それどころかさらに、若い経営者たちは、自分たちの企画の欺瞞性と非人間的な計画ミスに対してあからさまに抵抗した。彼らはもはや例外ではない。そうした人々の数は、高まる危機と危険の圧力の下で増していくことが予測される。

百万長者の息子たちが、学生として、ベトナム戦争(26)に対する抗議運動の中で知り合い、

(25) 既存の社会秩序の混乱や道徳心の頽廃に対抗して伝統的価値観への回帰を主張する思想と運動のこと。ヨーロッパの自由主義が及んだアメリカで、この影響を受けたプロテスタント神学に対抗して信仰の根本教理を固守しようとする運動が起こり、イスラム世界においても、宗教的な堕落を戒め、イスラムの原典に沿って再生を図るべく伝統的なイスラム法の厳守を求める運動が生まれた。

(26) 十九世紀以来フランスの支配下にあったベトナムは、第二次世界大戦の終結(一九四五年)とともに独立したが、再支配を狙うフランスとの間に戦争が始まり(第一次インドシナ戦争)、一九五四年ジュネーブ協定により、南北に分断される形で停戦に至った。六〇年、南ベトナム解放民族戦線が結成され、六一年南ベトナム政府への本格的な攻撃を開始、アメリカの軍事介入を招いた。六四年、アメリカはトンキン湾事件をきっかけに介入を拡大させたが、勝利に至らず、七三年パリ和平協定によって休戦と撤退に同意した。七五年サイゴンが陥落し、南ベトナム政府は崩壊、七六年南北ベトナムの統一が実現した。これを第

合衆国で十二を下らない高額の基金を設立し、社会批判的な研究と運動を支えてきた。「わたしたちの父や祖父の人間愛は、彼ら自身が加担して引き起こした悲惨さを何ら変えることがなかったことが分かった」、と有力な「銅ファミリー」の末裔であるアダム・ホーホシルトは私に語った。「そのため、わたしたちは原因を根本まで突きとめ、これを明らかにするはずの研究や出版のために私たちの資金を支出し、これらの関係を変革するために闘う運動を支えるのです」。

彼は『ロビン・フッドは正しかった』というタイトルの本を出版した。その中で、彼は富者から奪うものを貧者に与えることを支持している。「それなら、あなたとあなたの仲間たちは、あなたがまだ止まっている枝で鋸を挽いているのです」、と私は彼に言った。「その通りです」、と彼は答えた。「しかし、人が進んで飛び降りようとするか、あるいはもうすでに飛び降りているのならば、そうする方がましなのです」。そうした投降者はフランス革命の前に存在した。ミラボー[27]のような貴族が「第三階級[28]」と手を組んだ時のことである。ツァーリズム[29]の時代の専制的社会の首長たちは、迷いを語りあいつつ彼らの疑いを口にしたものだが、そうした会話は、ロシアの劇作家の作品から革命のすでに何年も前に知ることができた。エリートたちの懐疑は変革を知らせる燕なのである。

二次インドシナ戦争と言う。アメリカ国内を始め、世界的な反戦運動が高まり、ケネディ大統領の暗殺後政権を引き継いだジョンソン政府は窮地に立たされた。

(27) Mirabeau, Honoré Gabriel Riqueti, Comte de（一七四九～一七九一） フランス革命期の政治家。重農主義者ミラボー侯ビクトル・リケティの長男。啓蒙思想の影響を受け、立憲王政を支持し、第三身分の代表として全国三部会に選出され、同会及び国民議会で主導権を発揮、「人権及び市民の権利の宣言」（第四章注(6)を参照）の起草に参加、一七九一年国民議会議長となった。一方、王室とも密かに関係を持ち、没後そのことが暴露されたため、遺体はパンテオンから除去された。

(28) 第三身分とも言う。貴族階級にも聖職者階級にも属さないフランスの平民のこと。J・シェイエスは『第三身分とは何か』の中で、それはフランス全国民であると規定した。

(29) ロシア皇帝の称号「ツァーリ」による。帝政ロシア（十六～二〇世紀初）の専制政治体制のこと。農奴制を基礎とし、厳しい身分制と官僚制を骨格とし、教会をツァーリに隷属させ、大貴族の権限を剝奪して権力をツァーリに集中させるに至った。だが、一八六一年の農奴解放、一九〇五年の革命を経て、一七年の十月革命により終焉を迎えた。

第四章　われわれの希望の現実性

現実的であるのは、明らかに眼に見えるものだけではない。生まれつつあることがもう感じとれるのに、大抵はやっとかすかな信号として注意深い人々にしか伝わらない多くのものも、現実的なのである。

科学は新しい「唯心論的パラダイム」を必要とするか？

変革を切望する無数の人々の考え方は空想的であり、現実からかけ離れた夢に浸っていると非難することによって、左右の妨害者たちは、その人々の想像力と実行力を削いできた。「諸君は現実主義者になれ」とか「諸君は事実の地盤に立て」といった、意気沮喪させる彼らの警告は、しかし、現実そのものを非現実的に見ることに基づいている。すなわち、現実的であるのは、明らかに眼に見えるものだけではない。生まれつつあることがもう感じとれるのに、大抵はやっとかすかな信号として注意深い人々にしか伝わらない多くのものも現実的なのである。多くの人の頭脳の中でまずは希望や観念としてあるものも、一層深い現実性の像に含まれるのである。

鈍感な者たちは、現実性の三つの段階、見える現実、兆しつつある現実、希望される現実の平板な上辺しか認識し承認できない。彼らの見方を浅薄にしているものは、専門家たちが大抵あまりにも浮き上がっており、無感覚であり、一次元的な考え方しかしないことと関係があるかもしれない。彼らが拠り所とするデータは、絶えず先に突き進む出来事の流れから彼らが釣り上げ、事実の屍としてしまったものである。従って、彼らが判断の拠り所とする事実は、常にもう追いこされてしまっている。彼らは、生きて動いている「実際の現実」から取り残され、期待も感情も省みることはせず、死んだ状態にあり、従って生き生きしたさらなる発展を評価するには相応しくないのである。

こうした浅薄すぎる世界観は、古典的近代の自然科学の概念と一致するものだが、最近それに対して強く反対を表明した人物が、ロジャー・スペリー[1]である。彼は、（今では退職の身だが）カリフォルニア工科大学における現代脳研究の開拓者の一人である。近代自然科学のパラダイムが現実として認めるのは、常にただ硬直した、従って多かれ少なかれ量的に測定可能な事実だけであるとすれば、それは「精神的な諸能力」への道を閉ざしている、と彼は言う。それらの能力こそは、未来の形成に対して意味を持つのである。

スペリーの「唯心論的パラダイム」は、伝統的な研究方法では解きえない問題を源としている。そうした問題に、彼は彼の神経生理学の研究の中で行き当たったのであった。しかも、いわゆる「脳分離」の実験に際してである。すなわち、戦争や災害の犠牲者の中で両半球の神経の結合が切断されている患者の場合、左右両半球の機能は極めてうまく方法的に分離されうる。そこで、スペリーが確認したのは、そうした患者においても、一層高い段階の、とはいえ物理的には捉えられない自己意識の統一を想定しなければ、彼らの思考や感情や行動を説明することはできない、ということである。脳の分裂したこれらの人々の意識的な心的人格的経験は、彼らの意識過程の中で中心的で統合的かつ因果的な役割を果たしていたのである。それは、物理的にはそもそも証明できないことなのであった。こうした実験的な所見から始まって、スペリーはさらに研究を続けた。それは、六〇年代の終わりから「脳研究」の「唯心論的」ないし「人間主義的」、さらにはまた「認知的」革命として知られるようになり、研究者仲間の中でやがて受け入れられるようになっている

（1）Sperry, Roger Wolcott（一九一三〜一九九四）アメリカの神経生物学者。オベリン大学で英文学、心理学を学び、シカゴ大学で動物学の博士号を取得して後、一九五四年カリフォルニア工科大学ヒクソン精神生物学教授に就任。一九四〇年代後半に外科的な実験方法を開発し、大脳半球の機能分化を研究して、脳の視覚系情報処理研究で成果を挙げたH・ヒューベル、T・N・ウィーゼルとともにノーベル生理学・医学賞を与えられた。

のである。それを超えて、彼は今日次のように問う。こうした「唯心論的なパラダイム」は、われわれの世界観全体に適用されないだろうか。

スペリーのテーゼは、われわれは現代文明において分裂した価値体系の中で生きている、というものである。このことは、近代の自然科学的世界観とその認識論的帰結、「デカルト革命」のもたらした結果である。デカルト[2]はその『方法序説』において、意識を持った自我という思惟する存在者――「思惟するもの」(res cogitans)――を「延長するもの」(res extensa)から区別する。後者は機械論的自然科学の唯一の研究対象となる。認識し自己意識を持つ主観と量的に分析可能な客観世界を原理的に二分することで、西欧の自然科学は今日まで生きてきた。その成果は、スペリーが記すように、分裂した世界像である。自然科学の現実把握に従うならば、われわれは人間の願望、人間の意識、人間の文化を意味も目的もない自然的過程の単なる偶然的な出来事と理解せざるをえないであろう。われわれ自身は、思惟し感情を持つ人格として、自然科学の世界に現れることはない。人間の経験、人間の諸価値、人間の文化――志向的行動――は、この世界像の中に占める場所を持たない。われわれにとって現実であるものの二つの領域は、一つの世界観の中で統合されるのだろうか。

一層豊かで包括的な、従って物質的なもの、量的なもののもとに立ちどまるだけでない世界観――独断的に「閉じた世界像」でない――は、スペリーにとって重要である。世界把握、価値体系（「価値、信念体系」）、とりわけ宗教と形而上学は未来を構想するにあたって決定的な役割を演ずるからである。彼が「形作ること」、行動の選択肢を作ることと呼ぶ働きにおいてである。なぜなら、強まる渦巻き、「生態学的、人口政策的事態」と彼が見なす今日の地球規模の危機に対しては、純粋に技術的な解決はないからである。こうした危機は、とどのつまりは、人間の価値と決断の産物なのであるから、「どんな持続的な解決」も、今こそ何よりも先に支えとなる価値および信念体系（「持続的な価値および信念体系」）の中に変革をもたらすことを必要とするであろう。その際、スペリーは究極の

（2）Descartes, René（一五九六～一六五〇）　フランスの哲学者。近代哲学の父と称される。確実な知を求めて方法的懐疑を遂行し、「われ思う、故にわれ在り」の命題に到達し、「考えるもの」としての精神と「延長するもの」としての物体を本質の異なる実体として、二元論を説いた。『方法序説』（*Discours de la Méthode*, 1637）は、フランス語による最初の哲学書。

問いを強調する。世界を最内奥において結びつけるものは何か、生命の意味は何か、心的意識は単なる物質的世界との関係においていかなる役割を演じるのか。これらの問いは、上辺だけの——まったく即物的な——危機管理よりも決定的であるというのである。

私も、繰り返し、次のテーゼを主張してきた。われわれは、これらの崩壊に導く破局的問題を解決するためには、歴史を再び逆立ちさせねばならない。われわれは、今日途方に暮れた状況が広まり行く中で、意識的な考え方を発展させねばならない。世界が崩壊から守られうるためには、地球はいかに保存され、人間はいかに生きるべきかをめぐる価値定立と方途および指針をである。そうした理念は、世界的規模の社会の技術的経済的下部構造の分析からは獲得されない。この下部構造の破局的状態によって、われわれはむしろ今日、以前より以上に、いかにしてこの無秩序、この増大する混沌を解決することができるかを考えざるをえなくなっているのである。そして、このためには、不可避的に指導力、創造力、整理能力に訴えなければならない。

哲人王か哲人国民か

とはいえ、そのような精神的な呼びかけを行う者として、哲人王を考えるべきではない――。つまり、プラトン(3)におけるように、現実を「理念」に従わせようとする者としてである。現実の中には、もちろん、生き、感じ、意識を持つ存在者としてのわれわれもいる。そして、それは極めて危険な状態にある。それゆえ、現実は多くの人々の精神的能力を見つけ出そうとし、それらを欠かせない援助者として招き寄せようとしているのである。一人の権力者がその理念を現実に押しつけようとするか、われわれが置かれている困難な状

(3) **Platon**(前四二八/四二七~前三四八/三四七) 古代ギリシア、アテネの哲学者。師ソクラテスの不条理な死と当時の政治状況への失望から哲学の道に入った。アカデメイアを創設し、真に理想国家の統治者たるべき人材の養成を図った。政治の課題は、善のイデアによって国民を導き、正義を実現することであり、そのためには哲人が王となるか、王が哲人にならねばならないと説いた。

況に基づいてわれわれが熟慮し、いかなる解決の可能性をわれわれは見つけることができ、考えだし、発展させることができるかを助言するか、には大きな違いがある。そして、このことは、私の見るところでは、われわれは「アレオパゴス」[4]を持たねばならないということを意味しよう。それは、連合して、われわれは本当はどこに行こうとしているのか、われわれの高度産業社会はどうすれば思いやりのあるものに作り変えられうるか、を案ずる人たちの集まりである。アレオパゴスはアテネの民主主義における賢者たちの協議会であった。われわれも知恵の助言を必要としている。——一つどころか、三つ、四つ、多く、幾百……ものである。

　精神的な能力への訴えがわれわれに求めているのは、他の人々や現実に対するまったく別の態度であり、イデオロギー的に硬直したものでも、綱領に縛られたものでもなく、控えめで観察的な態度である。脅かされた世界で現実に何が起こっているのか、を見出そうとするのである。どんな危機があるのか？　人々はどのようにそれに襲われているのか？　どんな不安、夢、願望が彼らを動かしているのか？　その際、「哲学者」とは、構想を立ち上げ、現実に押しつける者ではない。「知恵の友」とは、真実には、世界をその中でまどろんでいる諸能力を助けとして癒そうとする者のことである。彼は、社会の「療法士」として、まずは「患者」の声に耳を傾け、次にこの社会固有の能力を治癒過程のために働かせようとすることであろう。

一人の哲人王、あるいは一人の哲学的エリート、あるいは「啓蒙された人々」の新たな結社（ルドルフ・バーロ(5)が今提案しているような）が新しい唯心論的パラダイムを案出し告知し実行するということになれば、それは――生態学的にも――間違った始まりであろう。知恵の友の仕事は、むしろ、「救済を目指す批判」に対して、これまでなおざりにされてきた無数の資料を提供するような作業である。人は、見のがされている願望、幾百万

（4）もとは、古代ギリシア、アテネのアクロポリス北西部の丘の名。「アレイオスの丘」の意。指導者、支配者を意味する「アルコン」がアレオパゴス会議によって政治の実権を掌握し、王政に代わったとされる（前六八二）。しかし、ソロンの改革（前五九四）後、アルコンは司法官となり、陪審裁判前の予備審査を行う者となった。前五―四世紀には、軍事、祭祀、司法などを分担する九人のアルコンがおり、アレオパゴス会議で国事を決定したという。

（5）**Bahro, Rudolf**（一九三五～一九九七）西ドイツの政治家。緑の党を率いた。持続可能性に通じる精神的方法の開拓に努めた。

の人々の、大抵はまず不明瞭で、従ってはっきりしない空想が表に現れるよう、手助けしなければならない。幾重ものまだ希望のない期待に対するアンテナ、受信機となり、それらを明るみに出し、社会の自己認識、自己決定、自己治癒のために民主的に努力することに役立てなければならない。これは、フランス革命[6]の偉大な指導理念――国民主権であった。「啓蒙的君主」、哲人王ではなく、哲人国民を創造者とすることである。

ところが、驚くべきことに、一七八九年以後、フランス革命のスローガン――自由、平等、友愛[7]――はまったく真剣に考えられることがなかった。人々は紙による投票許可、わずかな出版許可、わずかな発言許可からなるレンズ料理[8]で丸め込まれ、そこからわれわれの時代の「十文字署名者民主主義[9]」を発展させた。それは市民を非識字者として扱うのである。国民――新たな主権者!――は基本的に実際には成人とは見なされず、せいぜい自分の意志を政治家、国民の代表、「一般意志[10]」(volonté générale) の代理人に委譲すること

(6) 一七八九年から九九年にかけて行われた、絶対主義王政に対するフランス市民の革命。ブルボン王朝の失政、啓蒙思想の影響、第三身分の台頭、下層市民の行動力などが要因となった。王朝の失政を建て直すため召集された三部会が国民議会に発展し、八九年七月

十四日のバスティーユ牢獄襲撃を機に立憲君主制をとる九一年憲法を成立させたが、新たに成立した立法議会では共和派が進出、続く国民公会は共和制を宣言し、九三年国王を処刑、独裁政治が布かれた。しかし、テルミドールの反動により革命政府は解体、新たに総裁政府が生まれたが、政局を安定させえず、九九年ナポレオンの軍事独裁に道を開き、王政の復活に至った。典型的な市民革命として、世界に大きな政治的社会的思想的影響を与えた。

（7）一七八九年七月十四日パリ市民によるバスティーユ襲撃に始まったフランス革命の初期、八月二十六日の立憲議会において「人権および市民の権利の宣言」（Déclaration des droites de l'homme et du citoyen）が採択され、基本的人権（人間の自由、平等、所有権の神聖）、主権在民、三権分立など近代市民社会の基本原理が規定された。さらに一七九一年憲法で「友愛」が将来達成されるべき目標として掲げられ、自由、平等、友愛がフランス革命の標語として世界に広まることとなった。

（8）『旧約聖書』創世記第二十五章、二十九〜三十四節を参照。アブラハムの子イサクの長子エサウが、空腹の余りパンとレンズ豆のあつものと引き替えに長子特権を弟ヤコブに譲り渡したことから、＜für (um) Linsengericht＞（レンズ豆と引き替えに）と言うと「ごくわずかな代償で」という意味になる。

（9）文盲のため署名欄に十文字を書く人のことを言う。

（10）＜volonté générale＞始めディドロが用い、ルソーが受け継いだ概念。各個人の自由意志による契約によって国家が形成される時に生まれる公共的自我が持つ意志。その表現が法となる。各個人の特殊意志とその総和たる「全体意志」（volonté de tous）に対して公共の利益

を認められたにすぎない。

なぜか？　最も自然な答えは、個別的あるいは排他的なグループの権力欲によってであるというものである。しかし、それは一つの見方にすぎない。私の見るところ、そこで役割を演じている――そして、それは今日ではより多く演じている！――のは、人が情報の過剰に不安を抱いていたということである。人々は心の中で次のように言ったものである。国民が声を張り上げて様々な違ったことを話す場合、それほど大量の情報を本当のところ一体どう処理したらよいのか？　権利の委譲と代理は、民主主義的な意見と意思を形成する上で唯一合法的な形式であるにしても、それらは従って「無秩序に対する不安」への反動でもあった。それゆえ、代議制民主主義は、市民の多様な願望や理念や声を削減し、歪め、苦痛を与えるものになっていたのである。

しかし、今では、電子機器によるデータの拡散によって直接的な情報の「ネット化」の可能性が増してきた。そのため、情報の雪崩に対するこうした不安は、十分に社会性を備えた想像力と真に民主主義的な勇気さえあれば、完全に克服することができるであろう。行政機関が「市民を監視しきること」、官僚国家の網目スクリーン犯罪捜査を完璧にすることに代わって、事実上「行政を透明にすること」、複雑であるにせよ政治的な決定の選択肢をどんな「料理人」にも公開すること（レーニン[11]が共産主義的な理想社会を描いたように）は、情報技術の面からまったく可能であろう。——それが、実際、政治的に求められるならばである！　通信手段とコンピュータは、民主主義的主権者の解放の道具として用いられうるであろうし、用いられるべきであろう。それらは、もはやエリート技術官僚の支配に仕えるだけであってはならない。政治的な企画を立てる際には、権力本位の関心

を目指すことを本質とする。

（11）Lenin, Vladimir Il'ich（一八七〇〜一九二四）ロシアの革命家。学生時代に革命運動に関わり、マルクス主義の研究に専念。ペテルブルクでマルクス主義のグループに加わり、ナロードニキや合法マルクス主義者を批判、プレハーノフの労働解放団と接触、シベリア流刑となったが、亡命し、ヨーロッパ諸都市でロシア人社会主義者を組織化。ロシア社会民主党第二回大会でボルシェビキを指導するとともに革命理論を完成させた。一七年の二月革命の折、亡命先のスイスから帰国、ソビエト共和国の目標を提示、武装蜂起を成功させ、ソビエト政権の人民委員会議議長（首相）に就任、一八年ドイツと講和条約を締結、一九年コミンテルン創設を指導した。二一年国際革命の退潮とロシア国民の疲弊に応じてネップ（新経済政策）への転換を図ったが、二四年病没した。

から技術官僚のパラメーターに従って獲得された指導理念が用いられる。「市民たち」が互いに直に接触し、彼らの考えを繋ぎあわせる機会を利用することができるようにし、民主的で「情報に基づく自己決定」に担われた手続きによって、社会全体で願望され討議されて決まった未来形成の「モデル」を見出そうとすることはなされない。

人間的であることを目指す社会の将来にかかわろうとする人々の課題は、自分たちなりに指導的なイデオロギーをエリートの流儀にならって作りだすことではない。望ましい社会の将来のモデルを人々の多様な願望や理念の中に見つけ出し、言葉にし、眼に見えるようにすることである。それは、決して閉じられえない過程であり、決して最終的となったり静止状態になったりすることが許されるようなものではなく、革新による混乱、改良による動揺、決して止むことのない自己批判を生産的な機会として繰り返し宿す均衡なのである。

恐らく、民主主義の理念は、自然科学的世界像の犠牲となってきた。フランスの啓蒙思想家たち[12]は、唯一の確固たる真理の立場のようなもの、究極的に見出される自然法則があるという理解を持っていた。そして、いつかそれが発見されるならば、それは更なる「混乱」から守られるはずだ、と考えた。フランス革命は――「一般意志」(volonté générale)

という——民主主義の観念を有していた。それは最終的な総合を性急に目ざすものであった。これに対して、アングロサクソンの改革思想は、古典的自由主義であれ、初期社会主義からイギリスの労働運動の協同組合的伝統に至るものであれ、——ジョン・ステュアート・ミル(13)の精神に倣って——実際より力強く学習能力を手に入れようとした。従って、それは哲学的であろうが、民主主義的であろうが、学問的真理であろうが、ひとたび確立さ

(12) 啓蒙思想とは、人間の可能性は理性によって切り開かれ、そこに真実の認識と人類の幸福を得る道があるという確信のもとに、芸術、哲学、政治に革命的な変化をもたらした十七、十八世紀のヨーロッパの思想運動。フランスの代表的思想家としては、ボルテール、ディドロ、ダランベール、ドルバック、エルベシウス、モンテスキューなどが挙げられる。

(13) Mill, John Stuart（一八〇六〜一八七三） イギリスの功利主義的思想家、経済学者。十代で東インド会社に入社し、三〇年余り勤務。最大多数の最大幸福を説いたベンサム主義から脱し、ドイツの人文主義、大陸の社会主義、コントの思想を吸収、下院議員として社会改革運動に関わった。社会科学を含む科学方法論を論じ、古典派経済学の体系を独自の仕方で整理、歴史を貫く普遍の原理としての生産法則と社会的進歩とともに変革しうる分配法則を分離し、静学と動学の区別を導入、労働階級の将来をも論じた。また、代議制と行政上の分権を強調する政治論を展開した。

れたものならばどの真理に対しても懐疑的であり続けた。現代の民主主義は生態系に対して責任を持とうとしているが、単純に「一般意志」のモデルに従うことはきっとないであろう。そのルールが目ざすのは、時間的制約を持ち、一時的であって、最終的ではない真理である。それは、廃れた権威、人間の顔をした専制政治に変質すまいとすれば、未来を開いておくことを可能にしなければならず、新しい危機に直面すると不可避的に頭をもたげる「強い国家」の誘惑に対して警戒心を持って抵抗しなければならない。

可逆性——過ちを修正する能力——は、そうした民主主義の中では、技術政策のテーマであるだけではなかろう。「開かれた社会」[14]は、その制度化されたルールの中でも多様性を有効に働かせなければならないであろう。ここでは、市民の参加は「社会的承認」に対する指導者たちの単なる譲歩ではなかろう。それは、民主主義も絶えず動揺するものであり、絶えず新たに抗争が生まれることは、危険としてではなく獲得と見なされるという意識を体現するものである。秩序の攪乱は、学ぼうとする態度、生産的な好奇心の只中においては、新しい秩序、新しいモデル、あるいは新しい考案——何よりも社会的な発案という意味での——を生み出すための前提となりうる。

「パノプチコン」との訣別

私は、われわれの社会の自己分節化の方法として、多様性を尊重し参加を促すことに賛成する。このことには、高踏的な「外部的観察者」という虚構に別れを告げるという意味がある。外部にある「アルキメデスの点」、われわれがその指南に従わねばならないとされる「特権的な観察者」の立場とは、機械論的な権力思想を背景とする構成物である。

近代の自然科学は、自然の合法則性の認識のために、研究者の特権的な認識位置のようなものがあるという前提から出発した。フランシス・ベーコンは、「われわれが自然を支配するのは、自然に従うことによってである」[15]と述べたが、そのベーコンは研究の手続き

(14) カール・ポパー (Popper, Karl Raymund 一九〇二〜一九九四) が政治哲学書『開かれた社会とその敵』(*The Open Society and Its Enemy*, 1945) で全体主義に対置した概念。

(15) Bacon, Francis (一五六一〜一六二六) 第一章注(14)を参照。「知は力である」という言葉に続いて、この言葉がある。

うのである。

を審問に喩えた。人が自然を拷問に掛けるならば、自然はその秘密を漏らすであろうという

これに対して、グレゴリー・ベイトソン[16]は普遍主義的な科学者であり生態学的哲学者として認識的パラダイムを提案した。それによれば、自然や社会生活の外に特権的な位置などはもちろんない。そのパラダイムは、諸事物、それらの相互作用、多様性の中に秩序の型、精神的な「諸類型」を認めるのである。従って、哲人王や科学の祭司、卓越した専門家といった人物像からもその資格は剝奪される。そうした人物は、人は社会をどう秩序づけねばならないかに関する真理を、できる限り無菌状態にある、国民からの「光栄ある孤立」の中で発見するというのである。古典的な社会改革者の認識位置は、もちろん――ミシェル・フーコー[17]が行ったように――ジェレミ・ベンサム[18]の「パノプチコン[19]」のモデルと比較される。それは、監獄の看守のそれと一致する。その看守は、一望のもとに監視できる施設、円形の刑務所の中心に座っていて、自分は見られずにすべてを見ているのである。

それゆえ、われわれの科学的世界観を批判的に革新することには、科学者の新しい民主的な自己理解も対応していなければならない。特権的な真理の位置はもうない。社会は、

（16）Bateson, Gregory（一九〇四〜一九八〇）　人類学、社会科学、言語学、記号論、サイバネティクスの研究に携わったイギリス人学者。統合失調症を説明するため、ダブル・バインド（二重拘束）の概念を提出したことで知られる。

（17）Foucault, Michel（一九二六〜一九八四）　フランスの哲学者。エコール・ノルマル・シュペリュールを卒業、一九六〇年学位取得後、パリのバンセンヌ大学教授を経て、一九七〇年コレージュ・ド・フランス教授となった。構造主義人類学を確立したレビ＝ストロースと精神分析学の影響を受け、科学史、思想史の認識論を開拓、西欧文明史における思考形式の変遷を探った。パノプチコンの原理が規律・矯正型の権力技術として近代社会全域に応用されていることを指摘した。*Surveille et punir: naissance de la prison*, 1975.

（18）Bentham, Jeremy（一七四八〜一八三二）　十八世紀イギリスの功利主義思想の実践家。功利主義を社会のうちで実践、具体化し、効率と計算を法と政治に取り入れ、社会を科学の対象とした。集団施設（刑務所、工場、貧民収容所、病院、学校）の建築案、パノプチコン（一望監視装置）は、それが建築学的に結実したものである。*PANOPTICON OR THE INSPECTION-HOUSE*, 1787.

（19）円形の建築で、円形の周囲に独房、中央に監視所があり、独房と監視所の間は上から下まで吹き抜けとなっている。ドームの天井は通常は開けられて明かり取りになっているが、中央監視所の看守は、看守の存在を示した方がいい場合以外は、ブラインドと他の工夫によって囚人の目から隠されている。このため、囚人側には常に不可視の神の眼に曝されているという感覚が生まれる、という。

それ自身の感覚器官でしか、そのモデルと願望を認識することはできないのである。そして、社会とはまさしくすべての市民のことに他ならない。

ほとんど誰もが被害者である

ここから実際次のことが導かれるべきであろう。抵抗運動というものは、常に時代の頂点における変革の運動でもあるということになろうが、生産的に熟慮すること、思想と理念を生み出すことをその中心的な課題の一つと見なす。このことは、今のところ、それを学んだわずかな人々に委ねられている。そこでまず論じられるのは、専門家、大抵は学者が何を書いているかである。しかし、そうしたことを自分ですることができるとは、変革を望む人々の大部分は思わない。考えることは、これらの人々によって過大評価されもすれば過小評価もされる。私はかつて大規模な「デモ」の後で言ったことがある。しかし、われわれが足を動かすだけでは十分でない、われわれは頭も使うべきだろう！と。

もちろん、こうした運動の中にも真理の特権的な立場はない――逆である。専門家たちは今日なお古い技術官僚政治の道に従っているとしても、その問題解決能力、創造性、良心も、基本的な社会的革新のために用いられるべきであろう。彼らもまた、その束縛から解放されることができれば、発見の過程における仲間でありうる。その過程は、原理的に対話によって組織されていなければならず、可能なかぎりすべての被害者を——「下の」人々も「上の」人々も——を取り込むべきであろう。なぜなら、この組織の中でよい地位にいる者もほとんど大概は脅かされており、従属的であり、搾取されているからである。彼らが、その地位に対して——罷免されないかぎり——かなりよい報酬を得る場合ですらである。そのもとで、彼らは決定に加担し、彼らの専門的ないし道義的良心の前ではもともと正当化できないことを行い、按配する義務を負うのである。

社会的創造性を働かせることは、別の道を行こうとする運動の最も重要な機能の一つに違いない。人は、それを何よりも芸術家たちの中に見出す。別の社会的「イメージ」を考案し発展させ造形する際に、彼らの特別な能力はこれまでほとんど利用されてこなかった。このことは、もちろん、参加する芸術家というこれまでとは別の概念を持つことを前提する。彼——または彼女——は、われわれの困窮と闘いの単なる造形的な表現者、媒体以上のものでなければならないであろう。すなわち、決然と希望の構想に取り組む者としてである。ベルント・グッゲンベルガー[20]は次のように明言した。芸術は「実際ある現実」の世界の背後に様々な別の可能性を示すことができる、と。「われわれは次のことを極めてまれにしか明らかにしていない。すなわち、可能なもののあの世界がどれほど強力に広がりと多様性の点で現実の世界に勝っているかということをである。摑みとられた一つの可能性に対して、幾千もの蔑ろにされた可能性が押し寄せて来るのである。しかし、可能なものの世界は、われわれの表象能力が言葉になるように助けるのでなければ、現実の形成に対しては沈黙したままである。可能なものは、現実に敵対する反対世界ではもちろんない。そうではなく、――現実の生命なのである。それは、常に現実的なものの可能態なのである。それは生命の蓄えの比類のない余剰であり、現実はいつもそこから現れてくるのである」。

（20）Guggenberger, Bernd（一九四九〜）　ドイツの政治学・社会学者、著述家、造形家。レッシング大学講師を経てベルリン自由大学の政治学教授。

第五章　自主的な創造者であること

未来工房の中でわき上がる発見の喜びによって、薬物や他の興奮剤を用いないでも参加者の気分はまちがいなく高揚する。

一通の手紙が洪水を引き起こす

イギリスの物理学者であり哲学者であるデイヴィッド・ボーム(1)の見解によると、すべての生活領域を世界中で巻き込むに違いない巨大な「創造的沸騰」(creative surge)が、われわれの文明を破滅の恐れからなお救い出そうとするあらゆる試みの不可欠の前提である。しかし、こうした大きな企てはどうすれば実現されるのだろうか。それはどこから始まるのだろうか。誰の手によってだろうか。諦めのうちに沈み、不安でこわばっていて、これ

(1) Bohm, David Joseph(一九一七〜一九九二) アメリカの理論物理学者。量子論、神経心理学、精神哲学に革新的非正統的なアイデアを提案した。ヨーロッパから移住したユダヤ人を父母とし、ペンシルベニアで生まれた。同地の大学を卒業して、カリフォルニア大学でオッペンハイマーの指導下に入るが、共産主義に共鳴、一九四七年プリンストン大学の助教授となるも再任を拒まれ、アインシュタインの口添えもあって、サンパウロ大学(ブラジル)、ハイファ大学(イスラエル)に転じ、一九五七年渡英、一九六一年から八七年までロンドンのバークベック大学で理論物理学を担当した。

まで変革を何よりも苦しく危険なものとして体験してきた人々をどうすれば動かせるのか。何をすれば、懐疑家や冷笑家そして絶望した人たちをそうした企ての味方にすることができるのか。そして、何よりもそのために必要となり救いとなる批判や想像力はどこで活性化することができるのだろうか。

現代社会の構成員が自分たちの運命を思想的実践的に形づくることに協力して創造的に取り組むことができるようにするには、場所や機関や「自由な空間」が必要である。いかなるイデオロギー的方針を持っていようとも、現代の社会はそれらを考慮に入れてこなかったに等しい。社会的に役立つアイデアを持つ人がいるとして、その人は一体どこに向かうことができるのか。官僚機構に請願することは見込みがないに等しい。国民の代表への手紙が真面目に受けとられることは滅多にない。党大会での提案は「路線」ないし「綱領」と一致していなければならない。

それでも勇敢にそして根気強く自分のアイデアを説いて歩こうとする人は、次の質問によって妨害される。「そもそも貴殿には資格があるのか。貴殿は要するにそれをどう理解しているのか」。まさに素人の無邪気さから最善の「着想」が生まれることがよくあるのだが、まるでそうしたことはないかのようにである。――「きちんとしたやり方」と思考の中で規則に従って洗練された洞察がないかのように。

ゲナディ・P・アルフェレンコ(2)と名乗るソビエトの地球物理学者は、何年も前から彼の国の特徴となっている非人間的、官僚主義的な硬直化を他の多くの人々と同様苦々しく感じており、一九八六年に「グラスノスチ」(3)(情報公開)と「ペレストロイカ」(4)(建て直し)の機会を利用して、社会の改革に向けて大衆運動を起こした。彼は教えていた大学のある

(2) Alferenko, Gennady(一九四八〜) ロシアのソビエトと社会の改革家。*Foundation of Social Inventions of the USSR*, 1985; *Foundation of Social Inventions of USA*, 1987.

(3)「公開性」を意味する。ソビエト連邦当局が持っていた情報を公開することで、民主化を図るとともに、ゴルバチョフのペレストロイカ(建て直し)を支えた。一九八六年のチェルノブイリの原発事故をきっかけに本格化。保守官僚を批判し、受動的な国民を活性化する意図を持っていた。第三章注(18)を参照。

(4)「建て直し」を意味する。一九八五年三月ゴルバチョフが書記長に就任して以来、ソビエト連邦で行われた改革。西側との関係改善を図りつつ経済を建て直すという政策。東西の緊張を緩和し、東欧の民主化のきっかけとなり、ワルシャワ条約機構の解体、ドイツ統一、ヤルタ体制と冷戦構造の終結を結果した。

ノボシビルスクからゴルバチョフに見込みのありそうにない手紙を書いたところ、ゴルバチョフは直ちに彼をモスクワに呼び寄せ、地元住民の抵抗を押し切って青少年向けの新聞『コムソモルスカヤ・プラウダ』の編集者の地位を与えた。それが彼の助けとなった。

同紙の一七〇〇万人の読者に対し、アルフェレンコは必要な「社会的発明」に対する提案を投稿するよう呼びかけた。それは圧倒的な成果を挙げた。発掘された多くの源泉からわき出すように、その時まで抑えつけられていた無数のアイデアが渦を巻いて流れ込んだ。ほんの数週間のうちに一万五千を超える多数の改革の提案が集まり、そのため「社会的発明のための基金」を独自に創設し、全国から届く変革の提案と改善案をすべて吟味し、そのうちの最善のものに賞を与え、関係機関に通すことが決定された。

創造力の活性化運動の始まり

もちろん、ゴルバチョフの改革意欲だけでは、創造的な社会的革新を保証することはまだできない。——それは、古典的な「啓蒙的君主」の形をとったものであり、根を下ろしている候国、官僚機構、有産階級に抗して、大衆に国民投票による助力を求めるものである――。単なる「上からの改革」は、抑圧的な党や国家の装置の解体なしには、「下からの」創造力を解放することはできない。

とはいえ、相変わらず中央集権的な指導の下に唯一の党に率いられた国家においてもそのような試みが可能であるとすれば、社会的革新をめざす大胆な市民運動は、緊張のより少ない国々では本来もっと容易に導入されるはずであろう。「われわれのもと」でも、これまでほとんど利用されていない、社会的想像力のかなりの潜在的可能性があるのである。一九八四年に設立されたロンドンの「社会的発明研究所」が独創的で役に立つ社会的発案のコンテストを公示した時、絶え間なく投稿が流れ込み始めた。デンマークのテレビ局がコペンハーゲンの未来のための提言を集め議論するために、「未来工房関係者」の援助で始めた放送シリーズは、異例の成功を収めた。「未来工房」は、私の仲間たちがノルトライン・ヴェストファーレン州における「ソテク」(SOTECH)近代化プログラムの一環として開いたものだが、いつも「満員」であった。とりわけスイスで八〇年代の初めから、数多くの市町村において、市民とともに望ましい「未来」について語る試みが行われているが、それは人気があり非常に生産的であることが示された。

しかし、これらはすべてまだまずまずの始まりにすぎない。それらは、もちろんデイヴィッド・ボームが期待した大きな社会的救済運動の規模にはまだまったく及ばない。しかし、これらの経験――また数多くの他の試み、私はここではそれに詳細に言及するつもりはないが――からすでに幾つかの興味深い帰結が導かれるのである。

何よりも重要に思われるのは、社会的な立案者の「故郷喪失」が克服されることである。彼らに似た考え方や才能を持つ人を見つける機会が与えられることによってである。これらの人々は、公にされた場所で出会い、互いにアイデアを交換することができる。そのようにして生まれる、感受性豊かで連帯的な雰囲気によって、新しい非凡な思想が開花することになるのである。

「未来工房」とは何か?

六〇年代以来、私は「未来工房」の試みを、友人の協力を得て発展させてきたが、その方法はこれらの条件を満たしているように思われる。社会的な創造性を開発するための様々な方法を比較しつつ研究して、ロジャー・シュラーク（ベルリン工科大学）は「独創性」「グループダイナミクス」「具体性」「創造性」「完全性」「実現」に関して、われわれの試みに最高点をつけた。

「未来工房」は一定の場所に縛り付けられてはいない。そのように定まった場所に碇を下ろすことは、長期的には有利でありうるが。それらはどこからでも始めることができる。居間、ゼミ室、草原あるいは海岸のどこかにおいてもである。原則的には、関心のある人なら誰でも出入りできるとされる。どこであれ、二人からせいぜい二〇人のグループが出会って、ともに未来の可能性を見出そうとする——論じつぶすのではなく——ところでは、想像力のための「自由な空間」が生まれる。そこでは、参加者の外面的・内面的従属性が一時的に払拭されうる。このことは、大抵の参加者には初めのうちは困難である。彼らは何年にも及ぶ日常的な強制や課題、それだけでなく彼ら自身の世界観の「牢獄」の壁をさえ内面化させているため、ただ一歩一歩——そもそもありうるとしてだが！——そこから自由になる他はないからである。

初心者にとってもっとも問題が少ないのは、そのような催しの中の最初の比較的短期間のものに参加することである。それは、選ばれた主題領域の「現状」への批判に当てられている。軍拡競争、環境破壊、失業がそうした会合の対象であったり、また学校、余暇、交通、職業といった比較的政治に直結していないことも対象でありうる。呼びかけによって既存のものへの異議が表明されれば、まず、大きな字で見出し語として、従ってすべての人に見えるよう紙に書いて貼られる。こうして、可能なかぎり完全に心配や不安をなくすことによって、浄化作用がなされる。そのような経過は、精神分析の処方における想起や告白に似ていなくもない。それ以上に、否定的な観察や感情がそのように集められることによって、後になって見ると、これまで洞察されていなかった新しい連関を認識する可能性が生まれるのである。

続く二つの想像の場——まずはグループ全体で、次に特に刺激的な提案をめぐって小グループで行われる——はもっと長く続き、一層難しいが、また一層愉快でもある。なぜなら、ここでは「否定的な」確認が「肯定的な」それに変えられるべきであり、少なくとも表象と言葉で（そして、しばしば記号としても）「建設的なこと」が破壊的なものに代わって提出されるからである。

とにかく、ここでは、想像力が高く飛翔し驚異的となることが可能であり――それどころか望ましくすらあろう――。今は、すべてが可能であろう。批判や自己批判は、次の場面で再び語られることになろうが、一時的に廃棄されてよく――それどころか廃棄されるべきである。しかし、こうした「取り除き」が十分成功するのはごく僅かの人においてのみであり、それらの人においてもごく稀にでしかない。教育や経験による「社会化」の大きな重力が「取り除き」を抑えつける。一過的な「狂気」に酔うことに我を忘れることへの恐れが、阻止に働く。もちろん「未来工房」では、ほとんどすべての参加者の中で有意義な変革の過程が起こる。この場では、「他人」は競争者ではなく援助者であるということを個々人が認識するにつれて、相互的な信頼が生まれるだけでなく、自信の高まりが生まれ、まだ大変「荒削り」であるにせよ、願望やアイデアを表明する勇気が募る。そうした協力のほとんどいずれにおいても、ついには、豊かな思想の閃き、代替案、未来のイメージが生まれる。それらの中で新しい目標の観念が定式化され、それを通して社会的行動にとって取り組めるものとなるのである。

それに続く実現の場面で、参加者たちは想像の旅から現実に立ち戻り、日常からのこの離脱の中で発見したものが果たして――またどうすれば――実現されうるのかを批判的に吟味する。それを考える中で、彼らは不可避的に、そうした変革の提案を知ることを拒むか不可能にする支配的な考え方や権力構造にぶつかる。しかし、彼らはまた、システムのそこここに、彼らの提案する企画が入り込むことができそうな亀裂や自由行動の余地を見出す。例えば、代替的なエネルギー構想、失業者組合、破壊された環境における再生の試み、自助計画その他多くをである。「未来工房」の中で知り合った人々は、自主的に管理された未来創造のための端緒の行動的な核となり推進力となることができる。

地平の拡大

対話の参加者にとって、彼らが発見するものよりもっと有意義なことは、彼らが自分自身を発見することである。そうした会合の中でほとんど常に広がる「すばらしい気分」は、自称「未来の創造者」たちが、少なくともしばらくの間、彼らの言葉と力のなさを克服し、彼らを圧迫し彼らがこれまで抑圧してきたことを言葉にすることを学ぶことから来る。人間らしい生活への彼らの願望の広大な世界が広がるのである。

同時に、彼らは――少なくとも一時的に――一緒に精神的な創造活動をするために結束することによって、彼らの日常的な孤立状態から来る狭量さと悲哀を忘れる。発見の喜びは、専門家や「実力者」によって規定された職業世界で手ほどきされ受け身になっている同時代の人々には普段恵まれないものだが、彼らはその喜びによって――薬物や他の興奮剤を用いないでも――まちがいなく「高揚した気分に」なることができる。その気分は、一度体験されると、記憶の中で作用し続け、変革――内的、外的な――への努力に力の源泉として寄与することであろう。

そこで体験される陶酔は、二日酔いに終わらざるをえないのではないか。束縛を断ち切ることは意味のあることだろうか。自由を体験し、諸々の関係を超える力を持つという思いを抱き、普段解きがたいように見える諸問題を自律的に「解決する」これらの瞬間は、例外的な状態にすぎない、と人々が知るとしたらである。しかし、この懐疑的な「にすぎない」はすべてに当てはまるわけではない。どんな変革も、初めは、革新者の頭と心の中で生まれる夢想以上のものではありえない。このことを知る人々は、そうした社会的な訓練を別の方向に向かうために必要な最初の飛躍と見なすことであろう。そこでは、願わしい未来が先取りされ、希望はついに眼に見える最初の輪郭を持つことになる。それは、さしあたり素描にとどまるとしてもである。

未来についてそのように想像したり思案したりすることを私が特に有益なことと感じたのは、決まって、参加者たちが特定の職業グループに属している場合であった。医師、教師、技師、司書、自然科学系の学生、ジャーナリスト、金属加工職人、政治家の区別なしに――彼らはすべて、そのようにしつらえられた精神的な自由空間の中で、忘れていた個人的な視点を発見した。すなわち、彼らの「使命」の観念をである。それらは、彼らの経歴の始めにはまだ念頭にあったのだが、目の前の課題に専念するうちに失われてしまっていたのである。自分たちの部門はどうなっていくのかという問いを持とうとしたことさえあれば、彼らは埋もれてしまっていた出発点、途中で錆びついてしまった理想を再発見する。このことは、彼らに新しい生命感情を与える。さらに、早かれ遅かれ、自分たちの職業とする仕事の危機とともに、科学技術文明のより包括的な危機がほとんど必ず話題になる。そうした協議の中で明らかになるのは、物質的な成果が新しい発見と発明によって達成されたにせよ、それらは他面では高すぎる代価を要求するということである。森林の死滅を伴うエネルギー増産、重篤な健康被害を伴う交通の高速化、管理と監視の増強を伴うコンピュータ化などがそれである。

「想像の場」で別の望ましい未来を考え出す試みがなされると、まさしく専門人たちは彼らの特殊な知識が限界にぶつかることを素早く悟る。彼らは、彼らの職業倫理がそれまで厳しく禁止してきたことを試す必要に迫られる。彼らの専門的権限を思考の上で踏み越えなければならなくなるのである。彼らがあえてこの一歩を踏み出すならば、それによって知と能力の現実離れした分裂に精神的に立ち向かうことになる。この分裂のせいで、彼らが個人的に危機に直面するだけでなく、まったく本質的に「大きな危機」が引き起こされることにもなるのである。

第三世界からの救済

思考が職業によって狭められることに対しそのようにあえて反乱を企てる人は、それによって、新しい可能性を創造的に構想することを妨げている最も重要な障害を取り除いたことになる。そうすると、彼――ないし彼女――にとっては別の障害を克服することがもっと容易になるであろう。すなわち、第三世界の文化に対するわが西洋文明の偏狭な関係という障害をである。その文化は、来るべき数十年の後には、人口統計学上の発展によるだけでも、われわれすべての未来に対して影響を増していくといってよかろう。

アジア人、アフリカ人、ラテンアメリカ人たちは生活――例えば労働や時間――に対して根本的に違う態度を持っている。それらがわれわれによって文化人類学的事実として登録され、「時代遅れ」と評価されるだけでなく、われわれが抱えている問題を解決する上で可能な救いとしても考えられるということは、想定でき――また、私が思うに望ましいことでもある。暇や緩慢さを肯定的に評価し意識的に用いようとする態度は、失業の増大やストレスの増加に直面してみれば、これまではまだ根本的に異なっていた行動様式の「交配」から生じる結果として、まったく真剣に受けとられるべき事柄であろう。

すべてではないにせよ、想像をめぐらす一時的な自由空間の中で出会った人々の中に、彼らの創造的な仕事を将来利用できるものにしようと考えることを、一度ならずあえてきっぱりと放棄しようとする人が出てくるかもしれない。そうだとすれば、それはなお一層意義のあることであろう。この社会でそうしたことができるのは、ほとんどわずかに子供だけであり、そのため、彼らは大人よりも想像力において勝ることが多い。少数の芸術家だけが、そうした能力を成人の年齢まで持ち続ける。彼らがそこで豊かな成果を挙げることができるようになるならば、彼らもまた、すでにテストされたこと、確証されたこと、および顧客から期待されたことに向けて舵を切るのである。

才能の火花は、誰においても――従って多くの人々の中で！――掻き立てられうる。だが、それを解放することが社会的な力となるのは、もちろん、革新を起こす潜在力がまたもや「実力者」の手に落ちるのではなく、――ソクラテスの例にならって[5]――私心のない、ものの分かった「産婆」と忍耐強い「園丁」に委ねられている場合のみである。これらの人々にとって重要なことは、業績、成功や名声ではなく、傷ついた人々の更生と彼らの崩壊しつつある文明を救済することなのである。

（5）Socrates（前四七〇／四六九～前三九九）古代ギリシアの哲学者。彫刻家ソフロニコスと助産婦ファイナレティの子。対話によって相手に問いを突きつけ、答えを引き出すことで知の発展を促した。その方法を産婆術と言う。

第六章　実験的社会への道

鍼治療において鍼がつぼに当たるように、社会的実験は、ぎこちない社会の身体の中で治癒経過を活発にすることができる。

失敗から学ぶ

二〇年来、私は新しい世界に向けて刺激的な発見の旅を長く続けてきた。その世界とは、多様で矛盾に満ちた社会的実験の宇宙である。すでに幾百もの社会的実験があり、それらは地球全体に散らばっている。それらがテストしているのは、家族や共同体の生活、環境と調和したエネルギーの生産、有意義な工業生産、有機農法、電子技術に支えられた民主主義、「柔軟な」すなわち人間に相応しい技術、満足の行く労働、刺激的な教育、その他多くの事柄の新しい可能性である。

私は、調査旅行で少なからず成果に富んだ試みを知った。しかしまた、部分的なあるいは完全な失敗に出会うことも多くあった。なるほど普通は、経済的な制約がその主な原因である。だが、消耗的な争い、頑迷な独善、名誉心と競走——背を向けられた古い世界に特徴的な——に、ほとんど同じようにそうした失敗の責任があった。自分の時代に逆らって生きることは、限りなく困難である。しかし、そうは言っても、「代わりとなるものの枯渇」、期待はずれのことを性急に言いふらすわけではない。それらはすでに余りにも多様であり、数が多すぎる。そして、「普通の」生活の中に居場所を見つけることができないか、そうしようとも思わない多くの人にとってはなくてはならないものとなっていて、われわれの世界から完全に消え去ることはありえないのである。人々――とりわけ若い人々――を新しい道の探索に送り出すのは、関係者の決断と意志だけではない。彼らが外面的、内面的に没落したくないと思うかぎり、彼らがそれへと向かわざるをえなくする諸事情もそれなのである。

新しい抵抗の世代は、八〇年代、最初の敗北――ミサイルの配備とチェルノブイリ――の後も、抵抗を止めることなく継続してきたのだが、以前の世代よりも現実的な期待を持っている。その世代は失望とつきあうことを学び、「六八年世代」(1)がまだそうであったようには、「すべてをすぐに」求めることはしない。今日の、自己決定的で自己管理された企画は、確実な成功を要求し展望しながら着手されるわけではもはやない。そうではなく、不断に作り直されなければならないものを、経験、外的事情、自分の技能に照らしてテストするためになされるのである。「論理的な立案者」ではなく、職人と芸術家がそうした仕事を精神的に手助けする。「うまくいかないところがあるということは必要な経験です」、と最近一〇年間に生まれた多くの有機農法の一企業の創業者は私に語った。「人はそのために学び、奮起し、さらに別の仕方をするものなのです」。

まさしく失敗する可能性――それから学ぶ機会！――は、巨大企業と巨大技術という危険な世界においては失われている。それが、ここでは再び見出され利用される。それゆえ、自分で企画し自分で責任を取ろうとする人間的な現実を、断片的にでも非人間的な世界にあえて持ち込もうとする人々のあいだで、根拠のある自覚が生まれている。彼らは、自分を「脱出者」としてではなく、新しい未来への「参入者」として感じているのである。自分たち自身と他の人を奈落から連れ出すことのできる道を探す前衛としてである。

（1）第一章注（3）を参照。

希望の徴《しるし》

これらの試みは、他の出来事の周縁に位置するものだが、「体制側」によって今日すでに取り上げられ利用されていることも時折見受けられる。大抵は歪められ悪用されながらでもあるが。経営に対してかなり影響力のある情報蒐集家として、新しい社会的運動を見回っている一人の人物がいる。それは、「指導者、企画者および創造的な人々のための傾向案内」の出版者ゲルト・ゲルケンである。彼は、権力を握る彼の依頼人たちに対して、彼らが市民運動とその影響の増大を過小評価してきたことを飽かずに分からせようとしている。彼が警告するには、「経済と政治は」「余りにも停滞する一方であり」、そのため「精神的社会的な力は衰え、進歩の原動機はブレーキに変わる」であろう。「実業界の指導者たちの精神的なプログラムはその間役に立たなくなってしまった」。彼は自分の読者を促す。皆さんが「これら多くの新しい動向の徴候を一度でも予断なく胸に近づけるならば、この数年間、最悪のことを防ぐのにそれらがすでにどれほど強力に寄与してきたかを理解されることでしょう」。

技術官僚政治がそれらの動向を横領しようとすることに対して、改革派は当然抵抗する。しかし、「われわれのアイデアと試みが横取りされること」を嘆くとしても、それはまたいつか別の視角のもとで見られればよいのではないか？　なぜ、改革者たちは犠牲としてのみ自分らを理解するのだろうか？　権力者たちがそのように馴れ馴れしく近づいてくることから、彼らも意識と行動の必然的な変化をもう完全に免れることはできなくなり、それに「感染して」改革を決意するようになるだろうとは結論せずにである。これらの権力者たちは、初めのうちは客人と考えられているだけであろう。だが、次には独自の行動力を発揮することができる。なぜなら、彼らは、余りにも長い間否認されてきたとしても客観的にある必然性に適した行動をするものだからである。さらに、「支配権を握るブロック」の自己改革の試みは無駄であることが多いにせよ、その最後の試みは、一度進行しはじめた変革の運動に「ブレーキをかける」ことはできず、統制することもできなかった。このことは、大抵の革命の歴史からまったくよく知られた事情でもある。従って、改革派の持つ「統制に対する不安」は、――たとえあるとしても――むしろ、技術官僚政治体制のエリートたちこそが抱くものに違いないのである！

新しい社会的運動の意識が低い場合、今日なお典型的に見られるのは、それらが「体制」と対決するに当たって、初めから自己を弱者であり常に下に置かれた者と見なしているということである。既存の力関係だけが見られる場合には、事実その通りである。しかし、認識の立場、精神的な活発さ、根本的な問題解決策を発見し不完全ながらもテストする能力を比較するならば、現実には低い地位に置かれている者の優越性は、争う余地なくより大きい。彼らは「事実性の重荷」や利己的で、誤った、取り返しのつかない余りにも多くの行動の結果に対する責任を、さしあたってはまったく負わされていないことからも、確かにそう言えるのである。

この利点は、再出発しようとする人々に対してある影響をもたらす。その影響は、技術官僚政治がそれまで歩んできた道で拒絶に出会うことをより多く経験するにつれて、ひたすら増大してゆく可能性がある。改革者たちは、昨日まではまだ恐れられており、自分の覚束ない「裕福」を維持することに汲々としている人々によってきっぱりと拒絶されていた。だが、渋々であるとはいえますます多くの賛同が寄せられることをいつかは期待できるのである。先に引用した技術帝国の「カッサンドラ」(2)をもう一度引用するならば、「市民運動は、とりわけ次の理由で多くの力を持っている。ますます多くの経済界の指導者が、密かにあるいはあからさまにそれらに共鳴しているからである」。

新しい産業文明の始まり

被害者たちの社会的実験は、今日すでに人々の非常に多くの活動領域で試みられている。それらは、紙上の企画より多くの成果を生み出すことができる。なぜなら、それらは、目ざすに値する他の生活の例をわかりやすく示しているからである。それらは、実際に、普通よりはまったく違った仕方で進むことができるということを示し、見、聞き、摑むこと

(2) ギリシア神話の女性。トロイの王プリアモスと后ヘカベの娘。アポロンに愛され予言の能力を与えられたが、約束に背いたためその能力を奪われた。トロイの破滅を予知し、アガメムノンに見そめられミュケナイに赴くが、王妃クリュタイムネストラによるアガメムノンの暗殺を予知しながらこれを防ぎえず、自分もクリュタイムネストラに殺された。

のできる希望の徴である。そのような具体的な希望の一つに私が出会ったのは、イギリスの技術者マイク・クーリーと彼の活動を知った時のことである。彼は、有意義で、生活を守り維持する職場を作りだす国際的な運動を始めることに成功した。軍事企業コンツェルン、ルーカス航空宇宙産業が工場の一つを閉鎖しようとした時、彼はまず技術要員の組合の代表として、工場占拠を組織した。それは、破壊部隊の残忍な投入によって終熄させられるまで、およそ六週間以上続いた。

「私たちは結局全面的な敗北を被りました」、とクーリーは回顧して言う。「しかし、人が個人的にであれ共同的にであれ、失敗を経験した場合には、それを厳密に見つめ、分析し、どうすればそれを創造的に処理することができるのかを熟慮しなければなりません。私たちの討論の一つで、当時一人の労働者が訊ねました。われわれは、一体なぜ、われわれの能力をわれわれの同胞のために利用することができないのか。われわれは、なぜ、人々を殺戮するのではなく、人々を助ける生産物を製造しないのだろうか？」。

そこで、解雇に怯える従業員たちは、様々な部所で何が行われていたのか、どんな技術的装置を彼らは操作していたのか、を初めて見つめ始めた。彼らの多くにとって、このことはすでに大きな体験であった。なぜなら、それまで、彼らはせいぜい自分の狭い活動範囲のこと、日々の仕事で使う機械やタイプライターのことしか知らなかったからである。今度は彼らは国中の専門家や教授たちのところに出向き、今何をなすべきかの助言を得ようとした。しかし、これは第二の失敗に終わった。一八〇名の「権威家たち」に質問が送られたにもかかわらず、わずか三人だけが役立つことを伝えただけで、残りの者はまったく解答しないか、理論的な指示を与えるだけで自己満足していたのである。

しかし、マイク・クーリーと彼の仲間たちは、模範的な意味のある実り豊かな着想をさらに得ていた。彼らは、自分たちの同僚に本当は何を製造したかったのか、本当はどう働きたかったのかを訊ねた。その際、彼らは、企業の要求や市場の需要を第一に考えてはならず、彼らとその家族が満足のゆく希望に満ちた生活を手に入れるために何を必要としているかを考えねばならなかった。労働運動にとって見慣れないこの活動は、また、大変異例な関心を引いた。この事実は、誰のうちにも眠っている創造力に訴えることの結果がどれほど感動的でありうるかを確証する。この事例においては、計画が練り上げられ提案されただけではなく、それを超えて、人々の要求に応える新種の技術モデルがすでに作られ、未来の生産の印象深い原型として示されもしたのである。例えば、交通手段のための一層安価で環境に配慮した新種の駆動装置、より安く、移動可能な腎臓浄化装置がそれである。

ルーカス社もイギリス労働党ないし「職能組合」の上部組織も、当時はこの運動を取り上げなかった。新たに大ロンドンの市長に選ばれた左派社会主義者ケン・リビングストン(3)がこのアイデアを引き受け、企画に十分な資金を与えて初めて、それは「大ロンドン事業会議」として短い間花盛りを経験した。活動の最初の年（一九八三〜一九八四）にすでに一四六の企画と生産共同体が生まれた。その中では、「柔軟な技術」の生産から学習・芸術・演劇グループの新たな組織に至るまで非凡な「下からの文明」の端緒が試された。ロンドンの諸大学も新たに設けられた「技術網」に組み込まれ、恐らく初めて大学教育を受けていない人々との実り豊かな共同作業に加わった。これらの人々の願望や着想は、そのようにして援助を引き受ける専門家によって専門的な助力を提供されたのである。

私が「技術工房」で注意を引かれたのは、活発で快活と言ってよい気分がそこを支配していたことである。イギリス人たちは、いつもは必ずしも気性を表に現すことがないと思われている。しかし、これらの工房では、呼びかけあいや笑い、さらには鼻歌さえ聞かれた。私を連れ回った人は、「われわれのところは、ちょっと運動場のようです」と弁解しながら、とはいえ、また少しばかりこの普通ではない企業の雰囲気を誇らしげに思っていた。彼は、ここで働いている大抵の人と同じように、ほんの少し前までは、まだ仕事がなく、自分を余計者だと感じていた。しかし、今では彼は自分を「先駆者」として経験しているのである。彼が誇りとしているのは、彼の企業で生産されるものが人間的な目的に奉仕している——それは、新しい、身体的な緊張をあまり要求しないタイプの自転車だった——だけではなく、生産が人間的な仕方でもなされているということであった。非常に多くの手仕事と即席の作業によってなされており、また駆り立てられ強圧的にではなく、そして恐らく経済的な競争能力を気遣いすぎるということもなくなされていることである。

このことは、保守的な者たちの傷に完全に触れることに違いなかった。そこで、この者たちは、一九八六年に、地方自治体、今度はロンドン、マンチェスターおよびシェッフィー

(3) Livingstone, Ken（一九四五〜） イギリス労働党の政治家。ロンドン地区政府で指導的な役割を果たした。

ルドに脅しをかけ、そうした試みへの援助を禁止させた。彼らは、クーリーの大胆な運動にブレーキをかけることには成功した。だが、それを取り除くことはできなかった。クーリーの「会議」は――それは会社ではもちろんなく、もっとも多様な社会的な試みのための調整機構なのである――なお活動を続けている。クーリーは別の支持者を獲得し、また部分的にはすでに独自の資金で資金援助を行うこともできるのである。

具体的なユートピア

一九八一年十二月九日、マイク・クーリーはストックホルムで「もう一つのノーベル賞」[4]と呼ばれる賞を受賞した。それは、ヨーロッパの代表ヤコブ・フォン・ユクスキュル[5]が設立した「正しい暮らし協会」が毎年グループや個人に与えることによって、より人間的で正しい未来を準備しようとする社会的実験を支えようとするものである。この賞を受けた人々の中に、われわれは次の人たちを見出す。アメリカ人、アメリー、ハンター・ロヴィンズ夫妻。二人は、合理的で無害なエネルギー供給のための新しい道を探している。

ワアンガラ・マタイ。彼女はケニアで植樹することによって荒野の再生を目ざすグリーン・ベルトの創設者である。エジプト人、ハッサン・ファシー博士。彼は第三世界に住む人々に自然の材料と自分の力で家屋を建築することを教え直す運動の闘士である。

基金のロンドン事務所——それはその間ブラッドフォード大学に移転していた——を訪問した際、私は地球の五大州からきた授賞候補者の仕事に関する何十もの書類の束を見ることができた。私は、これらの書類に目を通しながら、私の生涯のうちで最も興奮した刺激的な時をしばらくの間過ごした。それ以前には、私は、善良な意志を持った多数の女性や男性が世界中で行っている建設的な仕事について、これほどはっきりした印象を持つことはなかった。具体的なユートピアによって危機や災害に立ち向かおうとする多くの必要

（4）「ライト・ライブリフッド賞」のこと。「今日われわれが直面している最も緊急の挑戦に対して実践的・模範的な答えを提供した人々を称え、支援する」ことを目的とする国際賞。

（5）Uexküll, Jacob Johann von（一八六四〜一九四四）エストニア出身のドイツの生物学者、哲学者。動物主体と環境世界との意味を持った相互交渉を自然の「生命計画」と呼び、その研究の進展を呼びかけた。生物の行動の目的追求性を重視、機械論を排除した。

な試みを見渡して、これほど強い確信を持ったことはなかったのである。

それ以来、これらの努力はこれまで以上に強くまた意識的に支えられなければならないという考えが、私の念頭から去ることはない。社会的実験はどのようにして始められ、資金的な裏付けを得、遂行され、実際に改善されうるのかをめぐる、説得的で何よりも応用可能な研究というものはこれまではなかった。

社会学者たちがそうした疑問について公表した研究は、自然科学の実験的方法に余りにも依拠しすぎており、人間らしくないか、不必要に手間がかかっている。「アメリカ社会科学会議」のエレアノア・バーネット・シェルダンは、例えば、次のような見解を持っている。そうした試みは、人が実際にそれらを用いて仕事を始めることができるようになる前に、長い経験的な現状調査を行って初めて企画され、それから幾度も全行程を走行して修正しあうテストを通過しなければならない。それは、何年も続くことであろう。そして、結果がついに適用できるほどに熟した時には、それは恐らく時宜を失い、なお有効な救援や対策を提供するということはできなくなっているであろう。

他方では、今日の状況も満足のいくものではなくなっている。実験する者たちは、自発的に行動し、一般にまったく協力せずに動くからである。従って、彼らはお互いから学ぶことはまれにしかできない。大抵は、互いに知りあうということがまったくないからである。それゆえ、「正しい暮らし協会」の事務所のような場所が一つあって、実験的な経験についての情報が集められ広められるだけでなく、幾つもの類似の施設があることは有意義であろう。ロルフ・シュベンター[6]（カッセル総合大学）は、社会的実験に関する整然とした目録を作成することで小さいが勇敢な試みを行った。私は、一九八六年にザルツブルグで「未来問題のための文庫」を設立したが、それもまた「予知」のためのそうした結集地点であり、発信機関である。さらに多くの類似の機関が、とりわけ協会や職業組合にあって、この後に続くことであろう。報道機関は、今日ではまだ、主に放棄できない課題、われわれの世界の危機的状況についてのニュースを広めるという仕事に専念しているが、将来は社会の改善のための新しい構想を考案し試す運動に関して、一層多くの報告をするこ

（6）Schwendter, Rolf（一九三九〜二〇一三）オーストリアの著作家、社会学者。ハイデルベルク大学政治学研究所助手を経て、カッセル大学教授。*Theorie der Subkultur*, 1971.

とができるようになり、することになろう。

多様な「企画の励まし」[7]が、改革意志の阻喪に対して立ち向かうべきであろう。その意志の担い手は、社会的実験を非暴力の社会的変革のための卓越した方法として宣伝し可能にすることに尽力せねばならないであろう。市場と競争の彼方で、よりよい未来への投資としての醸出と寄付金によって財政的心配から解放され、人と人、人と自然の別の交流の芽が数多く出ることが可能になろう。望ましいよりよい明日の世界の、開かれた、不断の変革の中にある原型と「モデル」がである。

変革はどのようにして起きるのか?

「希望的観測」「幻想」「偽りの慰め」――これらはすべて、「企画の励まし」に対して起こりうる可能性のある非難であり、まったく当然すぎるように見える。根本的に別の思考と行動の芽が一層増えることによって、生命に敵対する発展から生命に味方する発展へと進路が変更されうると考えることは、まったく現実性を欠いているように思われる。決定権を持つ少数者と不安になった多数者の間で力が不平等に配分されていることを目にするならばである。

とはいえ、革新的な変化の過程――「質的な飛躍」――は、支配者の権力を多数の人々の無力さと単純に対立させ、双方の成功のチャンスを計算することによっては決して把握されない。今ではまだほとんど気づかれない分子レベルの意識の変化が、広範に及ぶ作用を持ち、それが後にまるで突如としてであるかのように効力を発揮し、政治的な力の均衡を完全に変えることもありうる。アメリカの科学論・科学史家であるトマス・S・クーン(8)は、例えば、「科学革命」の過程を「パラダイム転換」として描きだした。そこでは、現実の古い見方が新しい見方によって取って代わられるのである。その際、「没しゆくパラ

（7）原語〈Projekt Ermutigung〉は、原書のタイトルである。

（8）Kuhn, Samuel Thomas（一九二二～一九九六）アメリカの科学史家。プリンストン大学教授。著書『科学革命の構造』において、科学集団が共有する、自然に向かう問い方と答え方の手本としてのパラダイムの概念を提出。それに従う通常科学が危機に陥り、パラダイムの転換が起こることを科学革命と規定した。*The Structure of Scientific Revolutions*, 1961.

ダイム」の死に先立ってまったく長い局面があり、その中ではそのパラダイムの擁護者は、新しい批判的な考え方からの攻撃に対してまったくうまく反論することができるように見える。さしあたりはまだ本当らしくは見えないながらも、新しい実り豊かな仮説ないし解釈の凱旋行進が、それに続いて始まるまでの間はである。その開始も、古い世代の代表者が亡くなってしまったという単純な理由によることが多いのである。

フリッチョフ・カプラ[9]——物理学者にして争う余地のない先駆的思想家——は、このパラダイム転換の観念を、今日の文明の危機に転用することを即座に提案した。彼は、近代の科学的認識方法のこれまでの蓄積を一括して「機械論的世界像」と同一視するのだが、精神的地盤は、すべての同時代人を徐々に捉えつつある「現実の新しい見方」によって、そうした世界像と経済的打算の支配から引き離されるであろう、そしてそれとともに生態学的で人間の耐えうる諸関係に達する画期的な「時代の転換」が次第に準備される、というのである。

ただし、こうした画期的な転換が、どのようにして政治や実践に置き移されうるのかが、カプラと彼の友人たちによって説得的に示されたことは、これまでのところはない。これと似た異論は、破局的な「分岐点」（ガーベルンク）のテーゼに対してもなされる。そのテーゼは、科学の中でずっと以前に受容され化学者イリヤ・プリゴジン[10]と進化論者アーヴィン・ラースロ[11]によって提出されたものである。彼らは、次のような仮説を立てる。社会的過程の中に大きな不確実性のある時代には、化学的な変化の過程におけるのと似たことが起こる可能性がある。周知のとおり、事情によっては、潜在的な物質の僅かな分量を加えるだけで、不安定な溶解を完全に変えるに十分である。ラースロがロシア革命の例で示すのと

（9）Capra, Fritjof（一九三九～）オーストリア出身のアメリカの物理学者。現代物理学と東洋思想の相同性・相補性を強調した。*The Tao of Physics*, 1975.

（10）Prigogine, Ilya（一九一七～二〇〇三）ベルギーの化学者。ブリュッセル自由大学物理化学・理論物理学教授。平衡状態だけを扱っていた熱力学を非平衡状態まで扱えるよう拡張、物質とエネルギーが相互に作用しあって一層秩序性の高い状態に移行する現象を数量的に扱う散逸関数の概念を明確にし、熱力学の諸原理を社会学や生物学などに応用しうる道を開いた。散逸構造論により一九七七年ノーベル化学賞受賞。

（11）László, Ervin（一九三二～）ハンガリー出身で、科学哲学、システム論、統合理論の研究を行なった。

同様に、小規模だが根底的に考え行動するグループが危機的で不安定な状況の中で、突然、その数的な意味をはるかに超える影響を持つことがある。

技術帝国で「対内的軍拡」が進められている時代には、「冬宮殿」[12]や「バスティーユ」[13]に武装した民衆が突撃することによって革命が成し遂げられるということは、もちろんほとんどありえない。直接的な「大衆の暴力」は、今日では――そもそもそれが活発になると前提してのことだが――高い安全性を誇る技術官僚政治の完璧な要塞と一層精妙となった技術的通報装置を備えた防衛要員によって撃退されることであろう。今日の諸条件のもとで暴力的な蜂起を扇動する者は、無責任に行動していることになる。彼には、抵抗運動の最後的な敗北の責任はまったくないとしても、兵力の激減の責任はあるのである。

新しい人間的な進歩のためには、別の一層時代に相応しい変革の形が見出されなければならない。それは、技術官僚政治のもとでの伝統的な暴力思想によって規定されたこれらの指示の裏をかくものである。社会的実験は、社会的発展をすべての人々――相変わらず傍観的な人々、懐疑家たち、不安を抱く人々――が見透すことのできる仕方で前進させようとする試みである。それらが試験的に示そうとしているのは、労働と余暇、教育と公衆衛生制度、交通と都市建造物、工業と農業経営、政治と行政、国際関係と防衛が、今日まだ妥当性を維持している観点とは別の、それより一層人間的な観点によって規定されるとすれば、それはいかなるものでありうるか、ということである。起こりうる積極的な変化の――人間にもっと近い――別の比喩を用いて言うならば、鍼治療において鍼がつぼに当たるように[14]、社会的実験は、社会のぎこちない身体の中で治癒過程を活発にすることができるのである。

(12) サンクトペテルブルクにある旧ロシア皇帝の宮廷。冬季に皇帝が滞在したためこの名がある。

(13) イングランドの攻撃への備えとして、一三七〇年から八二年にかけてパリのサンタントアーヌ門に建設された城塞。リシュリューの時代、国事犯の牢獄として用いられ、国王の絶対主義権力の象徴となった。一七八九年七月十四日、パリの民衆が蜂起し占領したことからフランス革命が始まった。第四章注(7)参照。

(14) 東洋医学の治療法、鍼術で人体の特定の治療点(経穴、つぼ)に細い針を刺入すること。

第七章　一九八九年の革命

一九八九年の革命は、もはや首都でのみ起こるのではなく、網のように結ばれた世界の多くの場所で同時に起こる。その範囲は一七八九年よりも広く、その緊急性は比較にならないほど大きい。

「自由、平等、友愛」――今日と明日

フランス革命[1]から二百年たって、再び大きな変革が進行しつつある。それは、新たな専制政治に対して、新しい仕方で一七八九年の要求に権威を持たせようとするものである。

――「市民」の自由は、今日ではもはや貴族政治に抗してではなく、われわれを別の仕方で、それだけ一層完全な仕方で支配しようとする技術官僚政治に抗して闘い取られねばならない。今日、自由への意志に当たるものは、何十億もの隷属的な人々の抑圧された創造力の解放と発展への要求である。

――平等を目ざす努力は、二千年来まだどこでもなしとげられていないが、ついにはすべての人々が彼らの危機にさらされた運命を形づくることに参加できる、象徴的にとどまらない現実的な参加を要求する。

（1）第四章注（6）を参照。

——友愛は、この苦境の中での連帯的な徳として、生きかつ生きのびるための最も重要な前提の一つになる。それは、拡大されて愛となり、一方では人と人、他方では人と自然の間の敵対関係を克服することに努めなければならない。

——人権宣言は[2]、人間の尊厳の原理によって補完されなければならない。その原理は、市民を禁治産者扱いする情報と操作の技術によって今日脅かされているだけでなく、さらに人間本性の遺伝的物質そのものへの計画的な介入によって一層根底的に脅かされている。

「非政府組織」が身を乗り出す

一九八九年の革命は、もはや首都でのみ起こるのではなく、網のように結ばれた世界の多くの場所で同時に起こる。その範囲は一七八九年よりも広く、その緊急性は比較にならないほど大きい。革命にとっての優先事項は、もはや国民国家の枠内での政治的主権ではなく、共通の未来に対する地球規模の責任に地域ごとに参加することである。新しい革命が知るのは、「偉大な夜」ではなく、多くの新しい朝であり、多様な構想と実験である。これらの努力こそは、恐らく青い惑星の上の人間の自然と文化の没落を防ぐ最後の機会となるのであろう。統治権を司る国家的・国際的機関は、これまで、状況の悪化の拡大をとめることができなかったため、今では非国家的な市民運動がますます多く身を乗り出そうとしている。制度的な力の物質的手段は比較にならないほど少ないが、これら「非政府組織」(3)は成果を目ざすことができる。それらは、公式の組織より動きやすく、アイデアに富んでいるからである。

ドイツ連邦共和国では、チェルノブイリの核災害の後、測定をになう所轄官庁は、事故を起こした原発から出る放射線の急速な拡散について、何らあるいはまったく不十分な通知しかしなかった。その時、救援に駆けつけたのが、私的な、独自の測定器具を備えたグ

(2) 第四章注(7)を参照。

(3) < non-governmental organization >(NGO) 主に開発、経済、人権、人道、環境など地球規模の問題と取り組む非営利的な民間国際協力組織。国連憲章第七十一条は、国連とNGOの協力について規定している。

ループであった。それは住民の間を駆け巡りながら、実情を説明したのである。このグループは、非国家的な環境保護組織であり、ワシントンの「自然資源保護会議」であった。それは、セミパラチンスクの核実験場から遠くないところに地震計を設置することへの同意をソビエトの官庁から取り付け、それによって核実験の遠隔監視——その時までは政治家の側から否定されていたのだが——の可能性があることを証明することができた。この「検証」の成功によって、一九八七年に最初の国際的な軍縮協定ＩＮＦ（中距離核戦力）全廃条約[4]への道が開かれた。これまでで最も包括的な環境研究「グローバル２０００」の指導者ジェラルド・バーニーは、この研究の継続のために政府からの資金を得られなくなった時、「グローバル研究センター」を設立した。彼は、公開の資金集めに支えられて、観察チームを三〇カ国に送り、そこで独自の基準に従ってこれ以上の生態系の破壊を起こさないための研究を行わせた。そして、一九八七年春からは、ハンス・ピーター・デュエル[5]によって設立された「グローバル・チャレンジーズ・ネットワーク」において、東西、南北の科学者が共同で研究し、二十一世紀への転換点における世界的規模の要求に対して建設的な答えを見つけようとしている。汚染の著しいバルト海の再生、利益追求型の操作によって不可逆的な貧困化に見舞われつつある世界中の種《しゅ》の保存が、彼らの最初の提言に含まれている。

こうして、数多くの地域と地方の世界的市民運動の中で、経済性優先と官僚主義化のもとでの進歩から方向転換する様子が、次第にはっきりしてくる。その先駆者たちを「空想家」として嘲笑しようとする者があるならば、彼らは、この称号を非難としてではなく、（意図せざる）賞賛として理解するべきであろう。なぜなら、時代の決断を担う者たちが、純粋に自分たちに責任のある「やむをえない事情」を前にして、一層高い長期的な目標に気づくことがほとんどもうできない時代においては、これら「空想家たち」は欠かせない方向指示者となるからである。

空想的人物

大抵は招かれることなく――大挙して押し寄せる多くの「新しい援助者たち」は、彼ら

（4）一九八七年米ソ間で調印された"Intermediate-range Nuclear Forces"（ＩＮＦ）全廃条約。
（5）Duerr, Hans Peter（一九四三～）ドイツの人類学者。ハイデルベルク大学教授。

を批判する者たちよりも現代に密着しており、未来志向的である。表面的に見るならば、彼らは、政治的社会的な網の裂け目や破れ目を繕おうとしている「だけの」ように見える。しかし、実際には、彼らの行動は、意識的に——半意識的であることも非常にしばしばあるが——未来の最終状態、「理想的な」状態に向けられており、その到来を彼らは準備しようとしているのである。

そうした行動からのみ、彼らがどれだけ多くの労苦と失望を引き受けているかが説明できる。彼らは、自分たちの人生を一層高い意味と遼遠な希望に投資しているのである。長い行進の困難さがどれほど大きいかを年長者の経験から学びながらである。

とはいえ、「ユートピアの死」がささやかれているにもかかわらず、まさしく今そうした「空想的人物」の数は増しつつある。このことは、次の事実から説明されるかもしれない。未解決の争いの圧力から憧れの夢が膨らむのだが、この圧力は、今日では、以前の、危機の少なかった時代よりも多くの人々によって感じられているということである。自分の不安を自分の個人的な事柄として体験するだけでなく、多くの人の困窮として体験できるほどに感受性の豊かな人は、自分自身の危機の解決を求めることに満足するだけでなく、それを超えて、社会の「巨大危機」への憂慮を自分の課題とするのである。
偉大な個人——詩人や芸術家といった、同時代の大多数の人々より緊張や危険に対して鋭く反応する人々——に任されていたが、今では多くの人が体験することとなっている。彼らは、恐ろしいニュースの洪水の中で、悩ましい日々の出来事や陰鬱な未来の見通しからもはや離れることはできず、ベートーベン(6)やトルストイ(7)やマーラー(8)やボイス(9)のように、それに反応する。絶望的にか空想的に、また、入れ替わり互いに影響しあう諸局面の中で絶望したり夢想したりもするということも稀ではない。空想的な人物がこのように著しく増加することはどのような結果を持つかということは、

(6) Beethoven, Ludwig van（一七七〇〜一八二七）　ドイツの作曲家。ウィーン古典派様式を完成、西洋音楽を代表する巨匠となった。
(7) Tolstoi, Aleksei Konstantinovich（一八一七〜一八七五）　ロシアの小説家、詩人。
(8) Mahler, Gustav（一八六〇〜一九一一）　オーストリアの作曲家、指揮者。
(9) Beuys, Joseph（一九二一〜一九八六）　ドイツの美術家。デュッセルドルフ美術学校教授。ドイツ学生党、自由大学委員会を組織、自由で新しい形式の教育を提唱、実践した。

これまでのところでは、予感されるだけである。彼らは、ニューヨークの精神科医イラ・プロゴフ[10]が期待するように、「未来の道具」となりえよう。よりよい世界を精神的に準備する者、そのために戦う者が今では多数存在しており、そのことによって空想的な構想の達成の可能性も高まるのである。新しい空想家たちの一部は、憂慮すべき絶対的な権力の夢想に埋没し、救済の幻想を膨らませるかもしれない。その実現は、最も災厄に満ちたものとなろうが。アドルフ・ヒトラー[11]の千年王国[12]は、その時警告として役立てられることになろう。

フランス革命そのものは、空想的思想が堕落する可能性の例を十分に提供している。「理性宗教[13]」の名で、自由から恐怖が生まれ、友愛から政治的殺害が生まれ、平等からギロチンの刃のもとでの「平等」(égalité) が生まれた。われわれはそこから学ばなければならない。

革命から学ぶ

われわれの時代の革命は、一回限りの劇的な出来事に固定されているわけではなかろう。

それは多くのバスティーユを倒壊させ、囚人たちを解放しなければならない。砲煙も勝利の雄叫びもなく、むしろ抑圧された人々の不断の抵抗により、支配要員の脱走に支えられ、何よりも、もう機能していないシステムにおける不可避的な危機を巧みに利用することに

(10) Progoff, Ira（一九一一～一九九八） アメリカの精神療法家。
(11) 第三章注(3)を参照。
(12) ユダヤ・キリスト教文化圏の黙示文学に表された至福千年のこと。『ヨハネ黙示録』によれば、キリストは復活、昇天し、再臨した後千年間メシア王国を支配し、殉教した聖人はすべての死者に先立って甦り、現世天国を経験する。千年の終わりには、すべての死者が最後の審判を受け、その後に完全な神の国としての「新しい聖都エルサレム」が成立するという。ここから、「至福千年」は「切迫した、全体的、究極的、現世的、集団的救済を待望する宗教運動」に適用されるようになる。
(13) 理神論（Deism）とも言われる。人間が知ることができ、知らねばならず、知ることが望ましい神学的主張を、すべて理性による考察で認知できるという思想。十七世紀半ばから十八世紀にかけて主にイギリスの自由思想家、科学者たちによって唱えられ、フランス、ドイツの啓蒙思想に影響を与えた。反宗教的な世俗主義（唯物論）には反対するが、正統的教会キリスト教と対立し、伝統的教権への鋭い批判となった。

よってである。

そうした革命には動乱の現象がつきものだが、それが少なければ少ないほど、成功のチャンスは大きくなる。革命家たちが彼らの未来を初めから棒に振ることは、決して少なくなかった。彼らは、全「体制」を仇敵とし、できるだけ多くを彼らにとって一層有利なものとして獲得しようとはしなかったからである。

必要な社会的手術は、もう、血まみれのアイゼンバルト医師(14)の類の原始的な外科医に任されたままであってはならない。医学が、十八世紀以来、診断に基づき一層周到に準備し、一層精確で巧妙な処理によって治癒を可能にすることを学んだのと同様、政治も以前の革命家たちの技術的な誤りから危機をうまく利用する政策を学ぶべきだろう。——それらをうまく処理する、すなわち手品で隠すことなくである。

困難な変革の事業が成功するべきだとすれば、空想的な人物は、知識があり知的な、息の長い練達の士や行動人と協力しなければなるまい。彼らは、想像力に富み、最初の勝利の瞬間を超えて、成功だけでなく、失敗も想像できなければならないであろう。なぜなら、歴史的経験の教えることは、いかに早く興奮の炎は消え、運動に走った者は硬直化し、新しいものの管理者はそれを裏切り、非順応主義者は瞬時にして官僚に変貌するか、だからである。

多くのしばしば厳密できちんとした革命史家たちによる研究が、余りにも少ししか利用されないのはなぜだろうか。なぜ変革の党——共産党であれ、社会党であれ、緑の党であれ——は、グループ間の連携や力学についての社会心理学や認識がないかのように振る舞うのだろうか。それらの党派は、過去数十年に初めて獲得された認識から、それらの内部的確執について、対内的対外的な失敗の原因について多くを学ぶことができるであろうに。

新しい啓蒙のために

どの民主主義的な変革の努力にも不可欠の前提がある。それは、広い世間に対して途切

(14) 原語は〈Doktor Eisenbarth〉。ドイツの放浪医師 Eisenbarth, Johann Andreas (1663-1727) に因む。〈ein Doktor Eisenbarth〉と言うと、「荒療治をする医師」を意味する。

れることなく情報を提供することである。出版の自由の宣言(15)がなされて二百年が経つのに、われわれは相変わらず——部分的にはまたもや——われわれの未来を規定する決定的な事実の多くについて無知の状態に置かれている。研究室や実験場の中で研究する者は、そこで彼らが生み出した支配のための知識の秘密保持を大幅に義務づけられている。このことは、軍事的な計画に対してだけでなく、多くの非軍事的な計画に対しても当てはまる。それらのもとでは、独占的な情報の所有が、競争者たちを決定的にリードすることを意味するのである。

道路や産業施設、新しい団地の計画も、適切な時に十分開示されるのは、ごくわずかな消息筋に対してだけである。そうした計画が公開され、市民の異議申し立てが原則的に許されるとしても、大抵はすでに遅すぎ、更に重大な変更をなし遂げることはできなくなる。企画の撤回は言うに及ばずである。投資を守るために、会社や官庁は法的機関を操作し、被害者が言い分を通す機会を僅かしか持てないようにする。それに加えて、被害者は大抵必要な資金と専門知識を持たず、自己の意見を通すことはできない。科学的法律的な専門用語は、企業側によって用意された資料を理解することを困難もしくは不可能にする。

こうした状況に対抗するために、抵抗運動の内部で「新しい啓蒙」が始まっている。批判的な科学者、技術者、ジャーナリスト、ビデオフィルムの制作者たちが、力を尽くして、秘密にされている知識を周知のものにし、専門用語で閉ざされた知識を理解できるようにしようとしているのである。環境と自分たちに関して何が計画されているかを知りたいと思い知らねばならないすべての人々が、自分の行動に向けて準備することができるためにである。

見通しと予測

フランス革命において少なくとも注目された目標の一つは、「人類の知識の諸部分を連結させること」を開始することであった。革命の精神的な父たち、百科全書派[16]の人々は「世

(15) フランスの人権宣言の一部。本章注(2)、第四章注(7)を参照。
(16) 一七五一年からフランスで出版された『百科全書』(*Encyclopédie*)に寄稿した人々を言う。編者ディドロ、ダランベール。反カトリック教会、反絶対主義で結束、啓蒙思想を始めと

界中に散らばっている知識」を蒐集する計画の基礎をつくったのである。実際には、大きな連関を洞察できるようにするという課題は、当時すでに解決されたわけではない。それは、今日に至るまで達成されないままであり、一層切実なものとなっている。すなわち、一方では、専門化とそれによって生み出された多くの断片的知識がほとんど想像できない仕方で増え、他方では、このように洞察が並び存し、対立しあい、交錯していることから不可避的に間違った決定が生じ、それが深刻な危機のきっかけとなっている。経済的、技術的、社会的政治的行動は、全体の見通しと予見に基づいてなされるのではなく、部分的知と部分的関心に基づいてなされるのであり、身近な時空間を超えて広がることは決してない。

ここで一つの変化が始まったことは、われわれの時代の最も希望に満ちた現象の一つである。「組織的に」、「網状に」そして「未来志向的に」考える努力は、初めはわずかな実際的な結果しかもたらさなかった。しかし、こうした別の態度から根本的に異なった行動が生じ、それによって科学技術文明の危機的問題がより早く克服できることになろうという期待が持たれる。

多くの非難を被った公的な機関においても、ついに何かが動き始めている。一九八四年十月、国連総会によって要請された「環境と開発のための世界会議」が、ノルウェー首相ブルントラント(17)を議長として初めて催された。それは「世界的規模の変革の計画」を展開するという課題を負っていた。ほとんど三年の協議を踏まえて、会議では、「危機の絡み合い」と「未来への投資」の必要性が印象深く描きだされた。研究グループは、世界の二十二カ国から集まりまったく異なったイデオロギー的傾向と文化的特色の代表たちからなるものであったが、最終報告では「変革によって安全性を求めることが肝心である」ことをはっきりと強調した。しかし、「上から」すなわち指導的な政治家たちによって勧められる「行動の緊急性」は、今まではほとんど反響を呼んでいない。報道機関は少ししかそれを報じなかったし、特徴的なことに、ドイツ語圏の大手出版社のどれもこの有意義な報

する当事の進歩思想を総動員し、フランス革命の思想的武器を提供した。

（17）**Brundtland, Gro Harlem**（一九三九〜） ノルウェー労働党の政治家。一九八一、一九八六〜一九八九、一九九〇〜一九九二年の三期に亘りノルウェー首相を務めた。第一章注（13）参照。

告を出版しなかったのである。

この無関心さは理解することができる。なぜなら、国際機関の報告や要求は「単なる紙切れ」であって実際的な帰結をもたらすものではないと見ることに、残念ながらわれわれは慣れきっているからである。要求される変革が要求にすぎないかぎり、そして有意義な、遠くまで見え、すべての人に分かる実験によって実例として証明されないかぎり、実際真剣に受け入れられることはできないのである。

「威嚇」より「励まし」

一九八九年の革命は、しかし、そうした言葉に行動が続くことを強く要求するであろう。国連は、例えば一連の国際的企画によって、破壊された環境の再生を軌道に乗せることもできるかもしれない。森林の再造林、文明の砂漠の緑化、河川の浄化を世論の監督の下で厳重な日程表に従って行うことなどである。それまで軍備に当てられていた資金の一部による出資は、経済的にまったく実現可能であろう。

国家的国際的な緊急打開策（crash program）を助けとして再生可能エネルギーの開発を大規模に促進することは、ブルントラント報告の主な要求の一つである。その実現は、これ以上待つわけにはいかない。太陽、風、植物的バイオマスはどうすればこれまでより効率的に利用できるようになるのかの知識は、明らかになった原子力産業の危機以来決定的に改善されてきた。今必要なことは、公共的な資金によって支えられた実際的計画であろう。その中で、デンマーク政府が風力エネルギーの開発を促進することを目指していることにすでに例示されるように、産業構造の変化によって「解雇」された人々が優先的に働くこととなろうし、働くことができよう。「産業主義の予備軍」という身分から解放され、彼らは、人間と環境に優しい文明の開拓者となることができよう。失業者から別の働きをする人々が生まれるのである。

さしあたりは、革命的変革の僅かな部分が実現されうるにすぎないとしてすら、そうした社会的実験に対しては、実際的な結果の他に、直ちに強い精神的な結果が加わることであろう。われわれは、ゴルバチョフとレーガンの国で決まったＩＮＦ協定(18)の中で予定された、核武装の一部の廃棄がどれほど人々を安堵させたかを経験した。何十年もの長きに亘って何十億という多くの人々が「信ずべき威嚇」――従って、ついには心理に及ぼす効果の犠牲となった。今や、かなりの公共的資金が「信頼に足る励まし」に捧げられなければならないであろう。新しい気分、前進的で希望に満ちた期待の持てる精神的雰囲気の誕生にである。

そうした励ましを信頼できるものとしうる「機材」は、何よりも代替的分散的で耐久性のある「柔軟な技術」であろう。長い時間をかけてそれが徐々に生まれていることが観察される。私は、一九七三年に、私の著書『十世紀の人間』[19]の中でイギリスのサイバネティクス研究者ゴルドン・パスク[20]を訪問した時のことを報告したが、彼は専ら物理学的な青写真にではなく、生物学的なそれに基づいて機械を製作することを要求していた。その時、そうした技術はまだずっと遠くにあるように思われた。その間、マサチューセッツ工科大学のエリック・ドレクスラー[21]は生命の分子的成長原理に基づく「ナノテクノロジー」の構想を考え出し、合衆国のこの指導的な工科大学において彼の研究グループとともに発展させ始めた。

このことはまったく特別に大胆な試みであり、人々が自然の資源の利用に取りかかるために用いる道具を、もはや傷つけ破壊するためではなく、自然に――特に人間の自然に！――適合するように作ろうというものである。なるほど、すでに数多くの努力が注がれ、技術の変化を決定的に促進し、それがもう思いつきの細工の初歩的段階にとどまる必要はなく、必然的な発展として認識されえ、技術の次の段階として働くことができるようにしようとしている。とはいえ、そうした努力は相変わらず余りにも少ないのである。

(18) 本章注(4)を参照。

(19) Jungk, Robert: *Der Jahrtausendmensch, Bericht aus den Werkstätten der neuen Gesellschaft*, München 1973.

(20) Pask, Andrew Speedie Gordon（一九二八～一九九六）イギリスの作家、発明家、教育理論家、サイバネティクス研究者、精神分析家。

(21) Drexler, K. Eric（一九五五～）アメリカ人の工学者。分子ナノテクノロジーの可能性を普及したことで知られる。「ナノ」は一〇億分の一。ナノテクノロジーは、極小な物質単位を扱う機械的技術である。

光

この新しい革命の期待のシンボルは太陽となるかもしれない。

太陽は等しくすべての人々のものであり、どんな権力も、それを独占しようとすれば、焼け死ぬことであろう。

太陽は尽きることのないエネルギーの源であり、未来の何百万年にも亘って生命を創造し維持する。

太陽は力と創造性の権化である。

太陽は闇の中でも根拠のある希望を約束する。

太陽は励まし導く星である。

訳者解説

はじめに

本書は、『原子力帝国』（原題は*»Der Atom-Staat«*。「原子力国家」の意）の著者として知られるロベルト・ユンクの*»Projekt Ermutigung, Streitschrift wider die Resignation«*（Rotbuch Verlag, 1988）の翻訳である。著者については、邦訳『原子力帝国』（日本経済評論社、二〇一五年）に付した訳者解説および本書に付された年譜を参照されたい。

『原子力帝国』が西ドイツで刊行されたのが一九七七年であったから、原書の刊行までほぼ一〇年が経過していたことになる。その間、アメリカのスリーマイルアイランド（一九七九年）、旧ソ連のチェルノブイリ（一九八六年）における原発事故があり、『原子力帝国』で警告されていた原子力発電の欠陥と危険性とが世界的に露わになるに至った。わが国においては、一九九五年高速増殖炉もんじゅのナトリウム漏れ事故、一九九九年茨城県東海村のＪＣＯにおける核燃料製造工程での臨界事故、二〇一一年の東日本大震災に伴う東京電力福島第一原子力発電所の炉心溶融、水素爆発、放射能汚染事故、さらには二〇一七年日本原子力開発機構における作業員被曝事故と、将来に暗い影を落とす重大な事故が次々と発生した。「原子力帝国」を別世界の架空の物語としてではなく、身近に迫る現実として受け止めざるをえない状況になっているのである。

そうした状況に身を置いて見るならば、著者ロベルト・ユンクは『原子力帝国』の刊行後、何を観察し考えていたのかに関心が持たれる。一九九四年に亡くなった著者の生の声を聞くことはもうできない。だが、それに代えて、いま前にしている著作は、その後の著者の問題関心と思索の方向を知る上で貴重な遺書となることであろう。『原子力帝国』を振り返りつつ、本書の意義を考えてみたい。

一　原子力帝国とは

原子力帝国とは、核分裂によって生じるエネルギーを主要な電源とする国家のことである。しかし、軍事的な核エネルギーの利用ならばともかく、それを発電に応用することが、どうして「帝国」と呼ばれる国家形態と結びつくのか。帝国とは、絶対的な権力を握る皇帝が統治する国家のことであり、民主主義からかけ離れた形態である。しかし、原子力の導入と原子力産業の超近代的な発展は、市民の権利を抑圧し、民主主義を損なう形で進められ、全体主義的な雰囲気を作りだし、新たな専制政治を出現させるのではないかという危惧が持たれているのである。そこで「皇帝」ないしその廷臣として権力を振るうのが、原子力政策の推進と産業の発展を担う技術官僚（テクノクラート）に他ならない。

こうした「帝国」の出現は、核エネルギーの開発が軍事利用と平和利用の別なく、大きな危険を伴うということに起因する。一九四五年のアメリカ軍による広島、長崎への原子爆弾の投下によって明らかになったのは、核兵器が威力と破壊の規模において従来型の兵器と比較を絶するだけでなく、人類が経験したことのない放射線障害を引き起こすということであった。この放射能の脅威が平和利用と呼ばれる原子力発電においても決して除去されておらず、ひとたび事故が起きれば原子爆弾に劣らない汚染を引き起こすことは、チェルノブイリ、福島《フクシマ》の経験に照らして、もう疑う余地はない。この点において、核エネルギーの軍事利用と平和利用の間に一線を引くことはできないのである。

それだけでなく、原子炉の中では、安定的なウラニウム２３８が中性子を吸収して自然界には稀な核分裂を起こすプルトニウム２３９に変わる反応が起こっている。これは、再処理して新たな燃料として利用することができるが、同時に原子爆弾の原料にもなりうる。平和利用が軍事利用への道を用意するのであり、その転換はいとも容易になされうるのである。

こうした危険性があるため、核エネルギーの開発はそれだけ慎重になされ、施設と人員は厳重に管理・監督されねばならない。技術的な欠陥はもとより、人為的なミスも些かも許されない。比類なく過酷な作業環境に対応する厳重な管理体制が必要となる。それは、作業員の気紛れな行動は無論のこと、自由な創意や工夫を許さない統制に繋がっていく。こうして、全体主義的な体制が創り出されるのである。

このようなことが求められるのは、言うまでもなく安全性の確保のためである。安全性とは、第一義的には、人間にとっての安全性であり、施設の周辺ひいては立地地域の全住民にとっての健康、生命、財産のための安全性である。だが、それは、逆転して、稼働中の施設と企業にとっての安全性という観念に転化する。危険性に目覚めた市民が疑いの眼を持ち抗議に押し寄せることこそが危険であり、市民の行動こそが警戒・監視されるべきだという意識が生まれる。原発再稼働に対して住民が起こした差し止めの仮処分を求める訴訟を担当する裁判官の判断に対して、「司法リスク」という言葉までが口にされるほどである。こうして、市民の生活権を脅かし、世論を封じようとする風潮が広まっていく。それは、民主主義の根幹を蝕み、市民の管理・統制を強める傾向を生む。こうして、全体主義的な体質を持った「原子力帝国」が出現するに至るのである。

このようなユンクの観察と分析の特徴は、核をめぐる従来の様々な分野（軍事的、技術的、医学的、芸術的、宗教的、心理学的、哲学・倫理学的）での取り組みに加えて、社会科学的・政治学的な考察を加えている点にある。さらには、人間そのものの変貌を指摘している点にある。原子力帝国には、人間がテクノロジーを用いて自然を支配することが、人間の人間に対する支配に転ずるという逆説が典型的に現れているのである。開発の推進者たちは、人間や生命よりも原子力への賭けを優先させ、それを非情な計算によって追求しようとする。そして、人間を道具としてしか扱わない非人間的な支配・管理を当然とし甘受する人間類型を作りだしてゆく。それは、核兵器と核技術の開発が二度の世界大戦と全体主義の台頭という危機の時代に進められたことと無関係ではないと思わせる。それによって、自由と民主主義を標榜する国家にも暗い影が落とされることになるのである。

その中では、機構の指令にただ機械的に反応しこれを正確に遂行する人間が、模範的とされる。それをユンクは「ホモ・アトミクス」と呼ぶ。そのあり方は、ホルクハイマーが『理性の腐蝕』（邦訳、せりか書房）の中で「道具的理性」と呼んだものに酷似している。それは、自分で価値を見出し目的を設定する能力を失った、理性の形骸化した姿である。理性がそのように変質するのは、市民がひたすら自己の保存をはかろうとし現実に順応しようとすることから来る。そうした態度は、保存すべき自己を空洞化し、与えられた指令に異議を差し挟むことなくこれを忠実に遂行するだけの道具に自己を変身させるのである。ホルクハイマーは、そこに自己保存の原理の逆説を見た。保存されるべきものの犠牲によって保存が図られるという顚倒がそこにはある。近代の原理である自立した個人という観念は失われ、個人の没落が結果するのである。

こうした個人の没落を結果するような産業社会の歩みを、ユンクは「硬直した道」と呼ぶ。しかし、犠牲を強いられる生命と抑圧される市民の声を圧殺し切ることはできない。息苦しい管理・統制に対する社会的自然の反乱を招く危険性が蓄積される。だが、かつての全体主義が先例を示したように、それすらが巧妙に支配装置に組み込まれ、人種差別や弱者の迫害へと誘導される恐れがあるのである。

このような趨勢は、近代ヨーロッパが育んできた自由で平等な自立的個人という理念に背くものと言わざるをえない。原子力開発が近・現代科学技術の最先端に位置し、その粋を集めたものであると自任するとすれば、それはまた近代の否定に通じていることになる。

デカルトやベーコンが述べたように、科学は、自然を支配し、人間を自然の主人たらしめ、人間の幸福を実現するためにこそ営まれるのだとすれば、その自然支配は反転して人間の奴隷化を結果しているのである。ここには、ホルクハイマーやアドルノの洞察、「啓蒙の弁証法」、「支配の原理の弁証法的反転」という事態が認められる。

なお憂慮すべきことは、こうした事情が学問研究の領域にも影を落としていることである。研究する個人は、もはや自由な発想と創意に基づいて問題を立て、観察・実験し新しい事実を発見してゆくのではなく、巨大な技術体系の中でそれを抵抗不可能な権威を備えた既成性（実定性）として受け入れ、その中で与えられた課題としか取り組むことができなくなる。産業施設は実験によって市民の安全性が十分確認されてから稼働されねばならないという市民本位の不文律は棚上げされ、稼働が常に実験であるという意味を持つ。実験は失敗の可能性を含んでいる以上、人間の背丈を超えた巨大技術は取りかえしのつかない事故を引き起こす恐れがある。事実、チェルノブイリの事故は、全電源喪失という非常事態を想定して行われた実験の過程で生じたのであった。事故後三〇年余りを経てなお終熄の見込みのないこの惨事を省みるならば、人知の獲得したものが人間に対して修復不可能な災禍をもたらすという古代神話のプロメテウスやパンドラの運命を想起せざるをえない。

二　技術帝国

ユンクは右のような考察をさらに発展させて、本書では、原子力帝国にとどまらず「技術帝国」と呼ぶべきものが出現すると言う。すなわち、国家社会は、原子力開発によるばかりでなく、技術一般の発展とともに同じ事態に立ち至るというのである。そこに共通に認められるのは、科学技術を駆使して自然と人間を完全に支配・管理しようという発想である。それを実現するに当たっては、専門的な技術者が行政や産業の中枢を占め、政策と企画を立案し実施することが必要となる。一九三〇年代の初め、アメリカのH・スコットは、これを技術による支配という意味で「テクノクラシー」と呼び、専門技術者による政治支配を表現するものとした。
それは、近代初頭フランシス・ベーコンが「知は力である」と記して提唱した道の延長上にあると見なされる。原子力帝国はそれの牽引の役を担った。だが、それは他の技術分野、生物工学や情報工学によって一層拡大されつつあるのである。生物工学は、不治の病や遺伝的疾患を予防的な遺伝子検査や微生物学の応用によって撲滅すると宣言する。産業のもたらす弊害に耐性のある動・植物ひいては人間を作りだそうとする。のみならず、全人類の進化をも操作しようとする。それは、農・畜産業に変革をもたらし、有益な種《しゅ》のみを抽出し一層効率的に生産し、市場に供給することを企てる。だが、それは種の多様性を減じ、ひとたび収穫の破局が訪れた時には、それに代わる対策を取ることを不可能にする。自然は豊かになることはなく、ますます貧困化してゆくのである。

　これと並行して、人間の破壊が進行する。情報工学と電子通信技術の進歩によって、情報は過剰となり、人は感覚の多様性、独自の観察力を失い、物事の表面しか見なくなり、人との出会いの機会も奪われ、自分の手で創造するということができなくなる。能動性は失われ、受動性が強まり、自律的に思考し想像力を働かせることが少なくなる。のみならず、メディアのプログラムによって抑圧され操縦される一方である。ユンクは、独自の研究・調査に基づいて、コンピュータ・情報社会において、人間の孤立化、粗暴化、不機嫌、感覚喪失、積み木的思考が著しくなるという結果を得ている。そうした結果をもたらす技術官僚の目論見は、不断に新しい製品を製造し、大衆の消費意欲を煽り立て、支出を促してより大きな収益を上げることに他ならない。のみならず、労働力を情報科学によってコントロールされた産業ロボットで置き換え、余剰の人員、さらには市民を監視する可能性を拡大することである。人々を孤立させ、連帯を弱め、受動的で従順なものにすることによって、溢れる情報の中で生活していながら、それを使いこなす術を知らず、臣下の役割しか演じることのできない人間類型を生み出すのである。これは、まさにユンクが「ホモ・アトミクス」と呼んだものに相当する姿に他ならない。

しかし、そうした企てが何の疑問も生まずに進められるわけではない。打撃を被る市民だけでなく、推進に当たる指導的な経営者、高官あるいは著名な科学者の中に、疑問を抱き表明する者が現れる。彼らは、急速な環境の破壊から生じる生命への脅威が見知らぬ誰かに関係するだけでなく、自分と自分の家族に関わることでもあることを察知する。科学技術に携わる職務的エリートたち自身が、特殊な困惑や不安に直面するのである。それは、彼らが、生命と世界を脅かす眼に見えない危険のあることを直接知っているからである。危険の限界値を定めることが彼らの責任であるだけに、一層そうである。こうして、彼らは良心の葛藤に巻き込まれていく。そして、その中から内部告発の動きが生まれることにもなる。

だが、それに対して、国家や産業は秘密の保持を強く要求する。多くの研究所、実験施設、開発部門が厳重に管理・統制され、閉鎖的な領域に変わっていく。それは、啓蒙思想の申し子たる「研究の倫理」、学問的精神を損ない、創造的な研究の自由を奪うことに通じる。

こうした対策に疑問を持ち行動する憂慮する科学者たちの同盟も生まれている。しかし、彼らの抗議は流れを止めるには至らず、逆戻りできない奔流に抗うことは難しい。発展は望ましい方向へは向かわず、「不可逆性」という性格を「カインのしるし」のように刻印されているのである。失敗から学ぶということは、近代科学の実験的方法の根本精神である。しかし、誤りを修正する道は閉ざされている。種の絶滅や気候の変動、情報システムへの過度の依存は、修復不可能な形で進行し、未来はますます閉ざされたものとなる。研究が未知の世界の扉を開けるという期待は翳り、探求者は過酷な道を奈落へと転落していくだけではないかという不安に付きまとわれることになる。

三　技術官僚政治《テクノクラシー》のパラダイム

開発の影響を直接間接に被る市民のみならず、開発に携わる科学者・技術者ひいては開発によって利益を得ようとする推進者をも襲うこうした不安は、ホルクハイマーやアドルノの言う「啓蒙の弁証法」の結果である（邦訳、『啓蒙の弁証法』岩波書店）。啓蒙思想は、既存の封建制の残滓を一掃し絶対王政を打倒して、自由、平等、友愛のスローガンの下、隔壁や差別のない社会的空間を生み出すことを目指したのであったが、個人の自立性を損い、市民を再び他律的な存在に貶める結果となるのである。それは、近代思想の人間中心主義に孕まれるパラドックスであると見なされる。これを、ホルクハイマーは「支配の原理の弁証法的反転」と表現したのであった。

高度の知力によって自然の暗闇に光を投じ、合理的で透明な世界を構築しようという近代人の企ては、人間自身をも支配の対象とし、個々人を見透しがたい全体への付属物、道具に転落させる。人間に本来備わっている理性は、前途を照らす照明の機能を失い、目的を定立する使命を果たしえなくなる。それは、他者から与えられる目標に向かって機械的に突進するのみである。ホルクハイマーは、理性のこうした変貌を主観化・形式化と捉え、「主観的・形式的ないし道具的理性」という術語を作ったのであった。

そうした洞察が、ユンクが同じく体験したファシズムの分析から生まれたことは、彼の思想を見る上でも参考となる。人間による自然支配は、支配の主体たる人間自身を空洞化し、他律的かつ追従的な存在に変質させるのである。

およそ近代における学知、科学の発展を促した動機は、人間の生活を脅かす自然の猛威に対抗し、これを征服して、人間の幸福を実現しようという願望であった。デカルトは、人間を自然の主人、所有者たらしめることを学問の目的とした。「知は力である」と記したベーコンも、科学の探究を人間の幸福に貢献するという功利的関心から理解した。

そうした人間の利己的関心に応えたのが、数学的自然科学であった。それは、自然現象から質的な要素を捨象し、量の観点からのみそれを捉え、数量的に計測可能なものとした上で、データ間の量的関数関係を見ていこうとするものである。それは、力と質量だけから物体の運動を説明する機械論的自然観と手を携える。そのようにして自然を操作しやすいものと見なすのである。

デカルトは、物体を精神から切り離し、物心二元論によってこうした理解様式に支持を与えた。物体の本質は延長であり、心的なものを一切含まない。このため、科学は質一般とともに心的なものを悉く排除して対象世界を描出することになる。それは、質的精神的なものを可能な限り量に置き代えて扱うこととなる。知の主体そのものへの関心は科学の埒外に置かれる。「人間自身が思惟し感情を持つ人格として自然科学の世界に現れることはない。人間の経験、人間の諸価値、人間の文化——志向的行動——はこの世界像の中に占める場所を持たない」とユンクは言う。理性は空洞化され形式化される。そして、代わってその場を占めるのは、原始的な欲望や衝動であり、コントロールなき支配欲でしかないことになるのである。

こうした物心二元論は近代思想を袋小路に導いてきた。そして、それに対する反省・批判も繰り返し現れた。ユンクがロジャー・スペリーの研究成果をこうした二元論に対する精神科学的認知的革命として紹介していることは、興味深い。脳分離によって左右両半球の連絡が断たれた患者においても、物理学的には捉えられない自己意識の統一を想定しなければ、彼らの思考や感情や行動を説明することはできないという。このことは、機械論的自然科学には留まらない一層豊かで包括的な世界観を持つことが重要であることを教える。地球規模の危機に対して純粋に技術的な解決はなく、未来を獲得する上では宗教や形而上学の役割を認めなければならない。技術的支配が一つの価値観の現れであるとすれば、それと切り結ぶ新たな価値・信念体系の創出が必要となる。世界を最内奥において結びつけているものは何か、心的意識は単なる物質的世界に対していかなる役割を演じるのか、生命の意味は何か、が改めて考察されなければならない。「技術主義的パラダイム」に対して新たな「精神的（唯心論的）パラダイム」が必要である、とユンクは説くのである。

四　パラダイムの転換

では、そうしたパラダイムの転換はどのようにして遂行されうるのか。そのために、科学はいかなるあり方を選択すべきであるか。知識人はどのように考え、行動するべきであるのか。

その道を探るに当たって、ユンクは、対象に対して外部的観察者として関わる観察者の特権的な位置を捨てることを要求する。それこそは、対象を疎遠なものとし、欲望に任せてこれを支配操作することが許されるとする機械論的な権力思想と合致するものなのである。それは、ジェレミ・ベンサムが考案し、ミシェル・フーコーが近代社会の全域に応用されていると見る円形刑務所、パノプチコン（一望監視装置）のモデルと比較される。そこでは、看守が施設の中心にいて、自分は見られずにすべての囚人を監視することができる。これを社会全域に拡大すれば、科学者がテクノクラートとして中枢にいて、すべてを監視し、操作・統制することができるシステムとなる。

一方では、科学は実験・観察を重んじる。それは、対象に密着し、対象の周りをめぐりながら異なった視座から対象のあらゆる面を捉えることに努めなければならない。それは、科学者自身の身体的運動を必要とする。だが、パノプチコンのモデルにおいては、観察者は不動の位置にあり、視座を変えることはない。そこからいかなる新しい発見がなされうるのか、新たな着想はいかにして得られるのか、が問われよう。原子力帝国であれ、技術帝国であれ、研究者自身が圧倒的な権威と威力を前にせざるをえないシステム、市民が知る権利と自由な発言の権利を制限され、創造力が萎縮しかねない状況の中では、新しい道を切り開くことは困難に思える。

ユンクは卓越した専門家、科学の祭司と呼ばれるものの特権を否認する。また、ひとり真理と理想を会得し民衆をこれによって導こうとする、プラトンの哲人王の思想をも拒否する。新しい道は、科学者が優越的特権的な地位を離れ、市民に混じり市民との交流の中で硬直した体制に代わる柔軟な体制を追求するという姿勢によって拓かれねばならない。

それを実践する場として、ユンクは「未来工房」という自由空間を提案し、開設する。そこでは、問題となる事柄に関心のある人が誰でも参加し、批判的意見を述べることを恐れず、想像力を働かせ、共通の未来の可能性を見出すことに努め、企画（プロジェクト）を立て創造的な活動に取り組むことができる。批判から建設に至る討議の中で、人々を隔てていた壁はなくなり、相互的な信頼感が生まれ、発言の勇気と自信は増してゆく。誰もが、疎外されてはおらず当事者であるという意識を持つことができる。こうして思想の閃きが起こり、押しつけられた企画に対する代替案、未来のイメージが形成される。それは、新しい共同性の誕生であると言うことができよう。憂慮する科学・技術者がそれに参加することが望ましい。また、芸術家の創造力も期待される。こうして、技術帝国において抑圧されていたものが解放され、新しい未来へ向けての歩みが開始されるのである。

もとより、それは失敗と修正の繰り返し、試行錯誤を厭うものであってはならない。近代科学の実験的方法の精神は、本来的な形で活かされなければならない。社会は、多様な実験を許容する「実験的世界」とならなければならない。そのようにして、硬直した一元的な管理システムに対し、人と人との開かれた多様な繋がり、新しい共同体が創り出されていくことになるであろう。

こうした道行きを照らすものとして、ユンクが再確認するのは自由、平等、友愛という理念である。これらは、近代市民が封建的遺制を撤廃し王政を打倒して民主主義と共和制を確立すべく立ち上がったフランス革命の理念であった。だが、それを旗印に生み出された近代社会は、一面では原子力帝国から技術帝国に至る硬直した道を歩むこととなった。それは、革命の理念とは背反する様相を帯びるようになった。近代とは、そのような意味で自己矛盾を孕む時代であった。だが、それは、その否定的な結末を批判的に見、それに修正を迫る理念を有しているとも評価される。

一七八九年のフランス革命から二百年を経た一九八八年に刊行された本書の最終章が「一九八九年の革命」と題されていることは、ユンクの思いをよく表している。世紀の転換を経た今日から見れば、それはすでに過去であり、市民革命に匹敵する変革が——東西冷戦の終結と社会主義陣営の動揺を別として——実際に起こったとは言いがたい。だが、ユンクが期待していたものは、近代世界の積極的な面を継承しつつ、その負の面を市民革命の理念の達成に向けて超えていくことであったと見なされる。その期待に基づいて、ユンクは諦念や失望に陥ることなく、市民の多彩な創意工夫が活発に行われることを促し、励ますのである。本書の原題が*»Projekt Ermutigung, Wider die Resignation«*（プロジェクトの励まし――諦めに抗して）とされる所以であろう。その意味で、本書は、近代が宿していた積極的なものを掘り起こし、それによる近代の超克、今一つのポスト・モダンの構築を後世に呼びかけていると言うことができる。

本書の刊行にあたっては、藤原書店の藤原良雄氏の少なからぬ御意見・助言を頂いた。また、編集・校正の労を山﨑優子氏にお願いした。末筆ながら、両氏および同書店の方々に篤く御礼申し上げたい。

二〇一七年八月

山口祐弘

している。

第七章

Brown, L. R. et al.（Hrsg.）, *State of the World. A Worldwatch Institute Report of Progress Towards a Sustainable Society*, erscheint seit 1984 jährlich in New York.

（»Brundtland-Report）Weltkommission für Zukunft und Orientierung, *Unsere gemeinsame Zukunft*, Greven 1987.

Cousteau, J.-Y., *Chancen für die Zukunft*, Stuttgart 1984.

Drexler, K. Eric, *Engines of Creation*（M. I. T. Nanotechnology Study Group）, New York 1986.

Feyerabend, P./Thomas, CHR.（Hrsg.）, *Leben mit den »acht Todsünden der Menschheit«. Eine aktuelle Diskussion an der ETH Zürich zu den Thesen von Konrad Lorenz*, Zürich 1987.

Judge, A. J. N., *Networking Alternation*, Brüssel 1983.

—ders.,（Hrsg.）, *Global Action Networks*, Union of International Associations, Brüssel 1987.

Jungk, R., Die neuen Enzyklopädisten, in: *Enzyklopädie der Zukunft*, Bd. I, Tübingen 1978.

Progoff, I., *The Dynamics of Hope, Perspectives of Process in Anxiety and Creativity, Imaginary and Dreams*, New York 1985.

Spaemann, R., Über den Begriff der Menschenwürde, in: Böckenförde, E. W./Spaemann, R.（Hrsg.）, *Menschenrechte und Menschenwürde. Historische Voraussetzungen – säkulare Gestalt – christliches Verständnis*, Stuttgart 1987.

NGO の役割の増加については、次誌の分析が参考となる。
Transnational Associations, Brüssel, Jahrgang 1986ff.

125866, UdSSR.

第六章

CAPRA, F., *Wendezeit*, Bern 1983.

COOLEY, M., *Produkte für das Leben statt Waffen für den Tod. Arbeitnehmerstrategien für eine andere Produktion. Das Beispiel Lucas Aerospace*, Reinbek 1982.

—ders., Technologie, Gewerkschaften und menschliche Bedürfnisse, in: *Rüstungskonversion und Alternativproduktion* (=Argument-Sonderband 118), Hamburg 1987.

DOBLER, M./ENKERTS, V./KRAUCH, C./TROJAN, A. (Hrsg.), *Wünsche—Wissen—Widerstand. Selbsthilfegruppen diskutieren mit Politikern und Experten*, Hamburg 1985.

HORX, M., *Das Ende der Alternativen. Was aus Kommunen, den Aussteigern und Spontis geworden ist*, München-Wien 1985.

Jobs for a Change, hrsg. vom Greater London Council/Economic Policy Group, London 1983.

KUHN, TH. S., *Die Struktur wissenschaftlicher Revolutionen*, Frankfurt/M. 1976.

KUMAR, S./HENTSCHEL, R. (Hrsg), *Viele Wege. Paradigmen einer neuen Politik*, München 1983.

LASZLO, E., *Evolution — Die Neue Synthese. Wege in die Zukunft*, Wien 1987.

PRIGOGINE, I./STENGERS, I., *Order out of Chaos. Man's New Dialogue with Nature*, New York 1984.

WOODHOUSE, T. (Hrsg.), *People and Planet. Alternative Nobel Prize Speaches*, Hartland, Devon 1977.

定期刊行物 : Gerken, Gerd, *Trend-Service für Führende, Planer und Kreative*, Worpswede. SCHWENDTER, ROLF (Hrsg.), *Feedbacks* (zum Projekt soziale Innovation), Gesamthochschule Kassel, seit 1986.

Pro Zukunft, Internationale Bibliothek für Zukunftsfragen, Imbergstr. 2, A-5020, Salzburg, vierteljährlich. 同誌は、厖大な数の未来問題関係の刊行物を概観できるようにし、学際的観点で総括することを目指

Technology and the Challenges of Innovation, Dordrecht-Boston 1987.
SCHUMACHER, J., *Die Angst vor dem Chaos*, Frankfurt/M. 1978.
SPERRY, R. W., *Science and Moral Priority*, New York 1983.
—ders., The New Mentalist Paradigm and Ultimate Concern, in: *Perspectives in Biology and Medicine*, Bd. 29, Nr. 1 (Frühjahr 1986).

第五章

BEZOLD, C., *Anticipatory Democracy. People in the Politics of the Future*, New York 1978.
BOHM, D./PEAT, F. D., *Science, Order and Creativity*, New York-Toronto 1987.
BONO, E. DE., *Children Solve Problems*, London 1973.
CONGER, D. S., *Social Inventions*, Prince Albert, Canada (Sask.) 1974.
GABOR, D., *Innovation — Scientific, Technological, Social*, London 1970.
JUNGK, R./MÜLLERT, N., *Zukunftswerkstätten. Wege zur Wiederbelebung der Demokratie*, Hamburg 1981 (erweiterte Taschenbuchausgabe: München 1983).
KENSING, F. (University Center Roskilde), *Generation of Visions in Systems Development*, Konferenzpapier: Berlin/DDR 1986.
MAY, R., *The Courage to Create*, New York 1975.
OSBONE, A., *Applied Imagination: Principles and Procedures of Creative Thinking*, New York 1953.
SCHLAG, R., *Alternative Ansätze zu Entwicklung und Einsatz von Datenverarbeitung mit künstlicher Intelligenz*, Technische Universität Berlin. Fachbereich Informatik (Bericht Nr. 87-5), September 1987.

Monatszeitschrift: *Social Inventions*, Institute for Social Inventions (24, Abercorn Place, London NW8 9XP) ソビエトで新たに設立された社会的発明研究所とは、ゲナディ・P・アルフェレンコのアドレス経由で連絡できる。*Social Inventions*, Foundation for Social Inventions, Genady P. Alferenko c/o *Komosomolskaya Pravda*, Ul. Pravda 24, Moskau

Frankfurt/M. 1986.

BROAD, W., Die Wissenschaftler von »Star Wars«, in: *Freibeuter*, Nr. 26 (1985).

GUGGENBERGER, B., *Das Menschenrecht auf Irrtum. Anleitung zur Unvollkommenheit*, München-Wien 1987.

HOCHSCHILD, A., *Robin Hood was right*, San Francisco 1977. 著者は急進的な月刊誌 *»Mother Jones«* の刊行者である。

KURSBUCH 83 (März 1986) : Krieg und Frieden — Streit um SDI.

KURSBUCH 85 (September 1986) : GAU — Die Havarie der Expertenkultur.

LAGADEC, P., *Das große Risiko. Technische Katastrophen und gesellschaftliche Verantwortung*, Nördlingen 1987.

LIBÉRATION: La Nouvelle Vague (Sonderausgabe zur neuen französischen Studentenbewegung), Januar 1987.

WEIZSÄCKER, C. U. E. U. von, Fehlerfreudlichkeit, in: K. Kornwachs (Hrsg.), *Offenheit — Zeitlichkeit — Komplexität. Zur Theorie der offenen Systeme*, Frankfurt/M. — New York 1984.

第四章

BAHRO, R., *Logik der Rettung. Wer kann die Apokalypse aufhalten? Ein Versuch über die Grundlagen ökologischer Politik*, München-Wien 1987 (Vgl. dazu: JUNGK, R., Sein Kampf, in: *die tageszeitung*, 29. 10. 1987; KRETSCHMANN, W., Gescheiterter Versuch. Über die Grundlagen ökologischer Politik in Rudolf Bahros»Logik der Rettung«, in; *Kommune*, Nr. 12/1987)

ALT, F., Bahros Logik der Rettung, in: *Die Zeit*, Nr. 4/1988.

BATESON, G., *Ökologie des Geistes*, Frankfurt/M. 1981.

—ders., *Geist und Natur. Eine notwendige Einheit*, Frakfurt/M. 1982.

FOUCAULT, M., *Überwachen und Strafen*, Frankfurt/M. 1976.

GUGGENBERGER, B., *Sein oder Design. Zur Dialektik der Abklärung*, Berlin 1987.

POPPER, K. R., *Die offene Gesellschaft und ihre Feinde*, 2 Bde., Bern 1957 und 1958.

QVORTRUP, L. et al. (Hrsg.), *Social Experiments with Information*

Müllert, N. R./Solle, A./Geffers, S. G. in Zusammenarbeit mit Jungk, R. (Hrsg.), *Computer machen taubstumm* und *Überleben im Computersog*. Ergebnisse aus Zukunftswerkstätten im Rahmen des Programms »Mensch und Technik-Sozialverträgliche Technikgestaltung« der Landesregierung Nordrhein/Westfalen (Ratingen-6, März und November 1987)

Pollak, F. P., *Prognostics*, Amsterdam/London 1971.

Rifkin, J., *Genesis zwei. Biotechnik-Schöpfung nach Maß*, Reinbek 1986.

Roszak, Th., *Der Verlust des Denkens. Über die Mythen des Computerzeitalters*, München 1986.

Schmidt, K. H., *Der Traum vom deutschen Silicon Valley*, München 1985.

Siegel, L./Markoff, J., *The High Cost of High Tech. The Dark Side of the Chip*, New-York/Cambridge 1985.

Sieghart, P. (Hrsg), *Micro-Chips with Everything. The Consequences of Information Technology* (»Open University Set-Book«, London 1982.

Monatsschrift: *Gen-Ethische Informationsdienst* (GID), Gen-Ethisches Netzwerk, Potsdamer Str. 96, 100 Berlin 30. 月刊誌『遺伝子倫理学情報サービス』(*Gen-Ethische Informationsdienst*) (GID) は、生物工学、遺伝子工学、再生技術の分野における現在の発展について批判的な報告を定期的に行っており、『遺伝子倫理学ネットワーク』(*Gen-Ethisches Netzwerk*, Potsdamer Str. 96, 1000 Berlin 30) で予約購読できる。この分野においてこそ、知(および抵抗グループ)の国際的な調整が決定的な意味を持つ。遺伝子ビジネスで指導的な役割を演じている会社は、ずっと以前から国境を越えており、「遺伝子時限爆弾」の帰結は、必ずや地球全体に降りかかるだろうからである。

第三章

Asta der TU Berlin (Hrsg.), *Lebenszeichen — Strategien für einen menschlichen Fortschritt*, Berlin 1985.

Beck, U., *Risikogesellschaft. Auf dem Weg in eine andere Moderne*,

参考文献

序

ANDERS, G., *Günther Anders antwortet. Interviews und Erklärungen*, Berlin 1987.

HORSTMANN, U., *Das Untier. Konturen einer Philosophie der Menschenflucht*, Wien 1983.

JONAS, H., *Das Prinzip Verantwortung. Versuch einer Ethik für die technologische Zivilisation*, Frankfurt/M. 1979.

SLOTERDIJK, P., Wieviel Katastrophe braucht der Mensch, in: *Psychologie Heute*, Heft 10/86.

RICHTER, H. E., *Flüchten oder Standhalten*, Reinbek 1979.

第一章

BACON, F., *Neues Organon der Wissenschaften*, Darmstadt 1974.

BISSINGER, M. (Hrsg.), *Gewalt-Ja oder Nein?* (Zur Diskussion über die Thesen von G. Anders), München 1987.

GOLDEMBERG, J./JOHANSSON, TH. B./REDDY, A. K. N./WILLIAMS, R. H. (»World Resources Institute«), *Energy for a Sustainable World*, New York 1988.

HAWKINS, H. et al., *Towards a Livable World. Leo Szilard and the Crusade for Nuclear Arms Control*, Cambridge/Mass. 1987.

JUNGK, R., Phantasie, Gewalt und die »neue Gesellschaft« (mit einem Kommentar von Stanislaw Lem), in: *Almanach für Literatur und Theologie 6*, Wuppertal 1972.

KERR, A., Vorwort (»Marquis von Keith«), in: Ludwig, H. (Hrsg.), *Fritz Kortner* Berlin 1928.

第二章

ANDERSON, W. T., *To Govern Evolution*, New York 1987.

EURICH, C., *Computerkinder. Wie die Computerwelt das Kindsein zerstört*, Reinbek 1985.

JUNGK, R., Vom 1000jährigen Atomreich, in: *Der Spiegel*, Nr. 11/1977.

〈著作（抜粋）〉

Die Zukunft hat shon begonnen. Amerikas Allmacht und Ohnmacht, Stuttgart 1952.

Heller als tausend Sonnen. Das Schicksal der Atomforscher, Stuttgart 1956.

Strahlen aus der Asche. Geschichte einer Wiedergeburt, Bern 1959.

Die große Maschine. Auf dem Weg in eine andere Welt, Bern u. a. 1966.

Der Jahrtausendmensch. Bericht aus den Werkstätten der neuen Gesellschaft, München 1973.

Der Atomstaat, Vom Fortschritt in die Unmenschlichkeit, München 1977.

ノーベルト・R・ミュラー（Nobert R. Müller）との共著

Zukunftswerkstätten, Wege zur Wiederbelebung der Demokratie, Hamburg 1981.

Menschenbeben. Der Aufstand gegen das Unerträgliche, München 1983.

Und Wasser bricht den Stein. Streitbare Beiträge zu drängenden Fragen der Zeit, Freiburg i. Br. 1986.

＊ザルツブルクの「未来問題のための国際図書館基金」では、ロベルト・ユンクの全著作の包括的な文献目録を作成中である。

1948年　ニューヨーク（国連）とワシントンのスイス新聞通信員。ルート・スシツキーと結婚。
1949年から　ロサンゼルスに移住。
1952年　長男ピーター・ステファン誕生。『未来はすでに始まった』を刊行。
1956年　第1回広島訪問。
1957年より　ウィーンに居住。「核による死との闘い」運動に積極的に参加。
1960年　オーストリア反核運動の議長。ギュンター・アンダースとの交友始まる。
1964年　『未来問題研究所』をウィーンに設立。第1回『未来工房』を開催。
1967年　『二千年の人類』をロンドンに設立。ヨハン・ガルトゥンクと協力して未来研究のための第1回世界会議をオスロで組織。
1968年　ベルリン工科大学で客員教授として特別講義。
1970年から　ザルツブルクに居住。ベルリン工科大学名誉教授。
1980年から　平和運動に献身。
1986年　ロベルト・ユンク基金『未来問題のための国際図書館』をザルツブルクに開設。
12月　ストックホルムで「もう一つのノーベル賞」を受賞。
1994年7月14日　没

著者紹介

ロベルト・ユンク
(Robert Jungk, 1913-1994)

1913年5月11日　オーストリア国民の子としてベルリンで生まれる。

1922-33年　ブルジョア社会に批判的なドイツ・ユダヤ青年運動に参加。

1932年　映画監督リヒャルト・オスヴァルトの助手を務める傍ら、ベルリン大学で哲学を学ぶ。

1933年　国会議事堂炎上の翌日逮捕、釈放の後ティロル経由でパリに亡命。

1933-35年　ソルボンヌで研究。G・W・パプスト、マックス・オフュールス、E・シャレル等の映画会社に勤務しつつ、ジャーナリストとして活動。

1936年　病のためドイツに不法入国。非合法の論説、通信活動に協力。抵抗グループ「新しい門出」と提携。

1937-39年　論説活動の挫折の後、〈緑地帯〉の国境を越えチェコスロヴァキアに亡命。プラハで批判的広報誌『今日の現実』、パリで『モンディアルプレス』を刊行。39年以後、チューリッヒで研究を再開。

1939-43年　スイス警察の外国人課の許可なく、複数の日刊、週刊紙に複数の偽名で寄稿(特にチューリッヒの『ヴェルトヴォッヘ』紙にF・Lという署名で掲載された第三帝国批判の論説が当局の注意を引いた)、国外追放処分の決定の後、数ヶ月間収監。

1944年から　ベルン所在のロンドン『オブザーバー』紙の通信員。チューリッヒでの研究を終える。

1944年9月から　戦後『ヴェルトヴォッヘ』通信員。

1945年　ドイツ(とりわけニュルンベルク裁判)、フランス、イギリス、イタリア、合衆国からの報告を担当。

訳者紹介

山口祐弘（やまぐち・まさひろ）

1944年生。東京理科大学名誉教授。哲学専攻。
著書に『ヘーゲル哲学の思惟方法』（学術出版会）『ドイツ観念論の思索圏』（同）『カントにおける人間観の探究』（勁草書房）他。訳書に、ユンク『原子力帝国』（日本経済評論社）、ヘーゲル『論理の学』1〜3（作品社）、ホルクハイマー『理性の腐蝕』（せりか書房）他。

テクノクラシー帝国《ていこく》の崩壊《ほうかい》――「未来工房《みらいこうぼう》」の闘《たたか》い

2017年 11月10日　初版第1刷発行©

訳　者　山　口　祐　弘
発行者　藤　原　良　雄
発行所　株式会社　藤　原　書　店

〒162-0041　東京都新宿区早稲田鶴巻町523
電　話　03（5272）0301
FAX　03（5272）0450
振　替　00160 - 4 - 17013
info@fujiwara-shoten.co.jp

印刷・製本　中央精版印刷

Printed in Japan
ISBN978-4-86578-146-5

激変の"アジア資本主義"の実像

転換期のアジア資本主義

責任編集＝植村博恭・宇仁宏幸・磯谷明徳・山田鋭夫

植民地から第二次大戦後の解放、そして経済成長をへて誕生した「資本主義アジア」。グローバル経済の波をうけ、さらなる激変の時代を迎えるアジアの資本主義に、レギュラシオン理論からアプローチ。"豊かなアジア"に向かうための、フランス・中国・韓国の研究者との共同研究。

Ａ５上製　五〇四頁　**五五〇〇円**
（二〇一四年四月刊）
◇978-4-89434-963-6

経済史方法論の一大パラダイム転換

世界経済史の方法と展開

（経済史の新しいパラダイム　一八二〇―一九一四年）

入江節次郎

一国経済史観を根本的に克服し、真の世界経済史を構築する"方法"を、積年の研鑽の成果として初めて呈示。十九世紀から第一次世界大戦に至る約百年の分析を通じ経済史学を塗り替える野心的労作。

Ａ５上製　二八〇頁　**四二〇〇円**
（二〇〇二年二月刊）
◇978-4-89434-273-6

環境対策と経済成長は両立できるか？

グリーン成長は可能か？

（経済成長と環境対策の制度・進化経済分析）

大熊一寛

地球環境の危機が顕在化する一方で、経済成長を求める力はグローバルな資本主義の下で一層強まっている。環境対策と経済成長の関係に、制度と進化の経済学――レギュラシオン理論とポスト・ケインズ派理論からアプローチし、未来を探る野心作。

Ａ５上製　一六八頁　**二八〇〇円**
（二〇一五年五月刊）
◇978-4-86578-013-0

現在の危機は金融の危機と生態系の危機

グリーンディール

（自由主義的生産性至上主義の危機とエコロジストの解答）

Ａ・リピエッツ
井上泰夫訳

「一九三〇年代との最大のちがいは、エコロジー問題が出現したことであり、（…）エコロジーの問題は、二重の危機だ。一方では、世界的な食糧危機、他方では気候への影響やフクシマのような事故をもたらすエネルギー危機だ。」（リピエッツ）

四六上製　二六四頁　**二六〇〇円**
（二〇一四年四月刊）
◇978-4-89434-965-0

GREEN DEAL　Alain LIPIETZ

専門家がいち早く事故分析

福島原発事故はなぜ起きたか

井野博満・後藤政志・瀬川嘉之　井野博満編

「福島原発事故の本質は何か。制御困難な核エネルギーを使いこなせるという過信に加え、利権にむらがった人たちが安全性を軽視し、とられるべき対策を放置してきたこと。想定外でもなんでもない」（井野博満）。何が起きているか、果して収束するか、大激論！

A5並製　二二四頁　一八〇〇円　（二〇一一年六月刊）　◇978-4-89434-806-6

〝原理〟が分かれば、除染はできる

放射能除染の原理とマニュアル

山田國廣

住宅、道路、学校、田畑、森林、水系……さまざまな場所に蓄積した放射能から子供たちを守るため、現場で自ら実証実験した、「原理的に可能な放射能除染」の方法を紹介。責任はどこにあるか。誰が行うか。中間貯蔵地は、仮置き場は……「除染」の全体像を描く。

A5並製　三二〇頁　二五〇〇円　（二〇一二年三月刊）　◇978-4-89434-826-4

次世代を守るために、元に戻そう！

除染は、できる。（Q&Aで学ぶ放射能除染）

山田國廣　協力＝黒澤正一

自分の手でできる、究極の除染方法が、ここにある!!　二〇一三年九月末の「公開除染実証実験」で成功した〝山田式除染法〟を徹底紹介！　「本書の内容は、『元に戻そう！』という提案です。そのために〝必要な〟除染とは、『安心の水準』にまで数値を改善することであり、『風評被害を打破するために十分な水準』でもあります。」（本書より）

A5並製　一九二頁　一八〇〇円　（二〇一三年一〇月刊）　◇978-4-89434-939-1

われわれは原子力から逃れることが出来るのか!?

原子力の深い闇（〝国際原子力ムラ複合体〟と国家犯罪）

相良邦夫

戦後、世界は原子力（＝核）を背景に平和を享受し続けてきた。だが、今や我々をとりまく環境は、原子力に包囲し尽くされてしまった。本書は、国連諸機関並びに原子力推進諸団体及び国家などが、原子力を管理・主導する構造（国際原子力ムラ複合体）を、現在入手しうる限りの資料を駆使して解明する告発の書である。

A5並製　二三二頁　二八〇〇円　（二〇一五年六月刊）　◇978-4-86578-029-1

月刊
機
2017
10
No. 307

発行所　株式会社 **藤原書店**©
〒一六二-〇〇四一　東京都新宿区早稲田鶴巻町五二三
電話　〇三・五二七二・〇三〇一(代)
FAX　〇三・五二七二・〇四五〇
◎本冊子表示の価格は消費税抜きの価格です。

編集兼発行人
藤原良雄
頒価 100円

〈特別寄稿〉在日を代表する詩人、金時鐘氏が「北朝鮮核問題」について緊急発言！

今、「北朝鮮核問題」に対話の場を

――「休戦協定」を「平和協定」に！――

詩人 **金時鐘**

七月の弾道ミサイル発射実験につづいて六回目の核実験を強行した北朝鮮の頑なな姿勢に、日・米が色めき世界中がざわついている。哮《たけ》り立つアメリカはその北朝鮮を威圧して、今年二度目の米韓合同軍事演習を予定どおり実施もした。まかり間違えば想像を絶する水爆の焦熱地獄が、極東アジアの一角に現出するかも知れない。それほどの危機が今、朝鮮半島をめぐってうごめいている。

● 十月号 目次 ●

在日を代表する詩人が「北朝鮮核問題」について緊急発言！
今、「北朝鮮核問題」に対話の場を　**金時鐘** 1

80年代の話題の書『原子力帝国』著者の遺書！
テクノクラシー帝国の崩壊　**山口祐弘** 7

一九世紀随一のトリックスター、決定版評伝！
19世紀フランスの肖像を描き出した男、ナダール　**石井洋二郎** 10

「生命とその背景にある大自然への私たちの深刻な反省」
大田教育学の原点　**大田堯** 14

「多田先生」と呼ぶ私　**いとうせいこう** 16

〈リレー連載〉近代日本を作った100人43「新渡戸稲造――近代日本を牽引した『真の国際人』」**草原克豪** 18
〈連載〉今、世界はⅣ―6「和辻日本倫理思想史」**平川祐弘** 20　**沖縄からの声Ⅲ―7**「宮古 八重山の文化」**大城立裕** 21　**『ル・モンド』から世界を読むⅡ―14**「日本を裁く」**加藤晴久** 22　**花満径19**「水づく屍」**中西進** 23　**生きているを見つめ、生きるを考える31**「個としての細胞と全体の一部としての細胞」**中村桂子** 24　**国宝『医心方』からみる7**「蕎麦――実も葉も、そして茎まで」**槇佐知子** 25
9・11月刊案内／読者の声・書評日誌／イベント報告／刊行案内・書店様へ／告知・出版随想

「北朝鮮」といわれている国は私が人一倍負い目を抱えている、朝鮮半島北半分の祖国でもある。六〇年代初頭までもこの随分と長い名称の国「朝鮮民主主義人民共和国」を、私は夢に見るほど信奉していた。朝鮮戦争の戦火が止んで休戦協定が成り立つまでは、私にとって北朝鮮は正しく〝絶対正義の国〟であった。「大韓民国」という反共立国の成立の過程を、身をもって知っている自分だったからである。それが今や、世界中の多くの国、人々たちからひんしゅくを買う国になってしまっている。昨今、日本の安倍首相などは怒号のなかで強行採決した安保法制関連法案に見るように、「北朝鮮のミサイルが飛んでくる」という口実で自衛隊の軍隊化を図りつつある。振り返れば小泉首相も、やはり北朝鮮脅威を口実にして、戦後初めて自衛隊をイラクの戦場へ派遣もした。平和憲法を変えたい日本の保守政権にとって、「北朝鮮」は何かと格好の理由を提示してくれる国でもあるのである。

「休戦協定」を「平和協定」に

これから話すことは、日本の識者と言われる人たちのほとんどはよく知っていて口にはださないことでもある。マスコミ・メディアもそれを知らないわけではないのに、実際表には出さない。ありていに言ってこと核の問題に関する限り、北朝鮮の言い分に一理も二理もある。アメリカを主とした自由主義陣営、そこには当然日本も韓国も入っているが、北朝鮮が核開発を止めたら話し合いに応ずるというスタンスを、ずっと固持してきている。

これは理屈からすると当を得ていると言えなくもないが、実際一貫性を貫いているのは北朝鮮の方であるし、その言い分は理論的にも道理的にも合理的なものを持っている。と言うのは金日成という、亡くなる前から神様になっていたお方で偉大な元帥様、主席様とも呼ばれていた人だけど、生きていたときからアメリカに対して同じ主張をくり返していた。

朝鮮戦争の休戦協定は北朝鮮と中国と、片やアメリカを筆頭とした国連派遣国の間で韓国抜きで締結された。一九五三年七月二七日、休戦協定が成立してからすでに六四年もの長年月が過ぎ去っている。世界の近現代史を紐解いても、戦争当事国の間で休戦協定が結ばれたあと、その状態で半世紀以上が経過する例は、少なくとも古代史の事例以外はない。つまり戦争態勢を解くことなくいつでも戦争をおっぱじめる状態を維持しているのが、朝鮮戦争の「休戦協定」なのである。

　金日成主席が生前のときから、朝鮮半島の非核化問題は懸案となって論議されていたし、世界的な関心事でもあった。北朝鮮の核装備は絶対認めないというアメリカの主張に対して、金主席は一貫して同じことを言い張っていた。主席の跡を継いだ偉大な人も今の若い絶対権力者も、金日成主席の主張をそのまま引き継ぐと重ねて言ってきている。私は若いみぎり、朝鮮総連から無体な仕打ちを受けてきた経緯もあって揶揄まがいな言い方をしてはいるが、金日成主席が提起した内容は今もって有意義だと思っている。

　それは「休戦協定」を国連軍、つまりアメリカとの間の「平和協定」に締結し直そうという提起である。「平和協定」が実現すれば、北朝鮮が核装備をする理由はなくなる、とも金主席は強調していた。だがアメリカは依然としてそれに応じようとしないばかりか、頭から無視してきている。金大中氏が大統領となった九〇年代末の一時期、「太陽政策」を打ち出して南北対話の機運が盛り上がりもしたが、八〇年代終わり頃からの旱魃で多くの農民の餓死が続いた余波が極度の経済停滞をきたしていたので、北朝鮮はもう持たないのではないかという風聞が世界を駆け巡りもした。アメリカは北朝鮮のこの経済的困窮を見越して、北朝鮮との間に平和協定が成立すれば金王家体制の強化につながるとの観点から、ひたすら北朝鮮の崩壊、自滅を待つという姿勢にとって代わった。それ以来、北朝鮮の核保有だけを規制して今日に至っている。

対話の場をどう作り出すか

　なぜ私がそのことに触れるのかというと、周知のとおり一九七〇年から今年へかけて延々と、時には原子力空母までを動員して、アメリカ軍は韓国軍との合同軍事演習を軍事境界線ぎりぎりで、多いときは延べ二〇万、三〇万規模で実施してきている。日本の人たちにとっては対馬海峡を隔てた向こう側での軍事演習なので、緊張することも緊迫感すらも感じない。**しかし年二回もの大軍事演習が二か月余りもあの敏感な軍事境界線をはさんで重火器の砲煙を噴き上げているというのは、対峙している北朝鮮に極度の緊張を強いることともなっている。**

　現在のロシア共和国がまだソビエト連邦であったころ、北朝鮮はソ連との間で軍事同盟、日本でいう安保条約のような条約を結んでいた。軍事条約下のソ連軍と北朝鮮軍がもし、新潟沖公海で二十日間からの大軍事演習を実施したとしよう。日本の皆さんも想像してみよう。原水爆を搭載した戦艦、潜水艦、空母が眼前に迫っているわけだから、日本は完全にパニックに陥るはずである。このような実態を踏まえると、北朝鮮だけを一方的に責めるわけにはいかない。朝鮮半島北半分の小さい国が、それほどの軍事的脅威に曝されると、全身ハリネズミのように身構えざるをえなくなるのも、無理からぬことなのである。国家を総動員するために、求心力となる「百戦錬磨の英将であらせられる金日成将軍」さまの神格化が始まった、といってもいいくらいの事情を北朝鮮はかかえてもいる。日本の人たちはもう忘れてしまったのだろうか？　満洲事変から太平洋戦争が終わるまで、天皇という求心力があったからこそ日本は戦えたということを。北朝鮮も日本のその、天皇制を真似ているのかも知れない、と思える節さえある特権体制なのだ。

好き嫌いは別にして、北朝鮮は国連にも加盟している主権国家である。金正恩はその主権国家の若い元首である。昨年につづけて今年も二度にわたって行われた米韓合同軍事演習の作戦名は、「金正恩斬首作戦」というのだそうだ。一国の元首に対してあまりと言えばあまりな言い分であり、あからさまにすぎる挑発である。金正恩将軍さまがいきり立つのも、それは無理からぬ話というものだ。北朝鮮は今に潰れると、大方の人が自滅することを望んでいる。しかし国家とか権力というのは物理的法則も超えているものでもある。北朝鮮は、朝鮮民主主義人民共和国は潰れやしない。北朝鮮の国民が一定量生きている限り、金王家体制は絶対倒れない。私がなぜ好きでもない北朝鮮に肩入れをしているようなことを敢えて言っているかというと、好き嫌いを先立てずに北朝鮮の核装備問題を見つめ直してほしいからである。

冷厳なる事実として、北朝鮮はすでに核、それも水爆を持ってしまっている。いかに制裁圧力が加えられようと、北朝鮮が核・ミサイル開発を中止する可能性は万に一つもない。事は明白である。**北朝鮮との対話の場をどう作りだせるかにかかっている。**休戦協定を平和協定に結び直すことは北朝鮮の切実な提起であったことを想起するとき、戦後補償、拉致問題等々、日本はそのきっかけを作りだし、橋渡しができる有効なカードを持っている。

今、日本は何をなすべきか

三六年に亘って日本は朝鮮を植民地統

治した。「江華島条約」からすると五〇年になんなんとする年月である。日本は戦争に敗れてポツダム宣言を受諾し、植民地を手放してそれまで戦争をしていた国々と関係を修復してきたにも拘わらず、北朝鮮とだけは未だ友好条約のようなものの話し合いすらしたことがない。つまり北朝鮮にすれば、日本は今もって〝敵国〟なのである。対立している国の「五人や十人、拉致して何が悪い」「お前らは二百万人近くも強制徴用、強制連行したではないか」という強弁が働きもする。とは言っても、これは道理のない強弁である。植民地統治下で私たちの同胞が日本に強制連行、強制徴用されたのは、朝鮮民族全体の受難史だ。北朝鮮が日本の国民を何人も拉致したというのは、特定の国家による国家暴力である。民族的受難と特定国家の暴力とが、同等、同質であろうはずがない。

アメリカの旗振り役を演じて声高に制裁強化、圧迫包囲を叫んで回るよりも、日本はまず北朝鮮との関係修復を図るための働きかけをすべきである。北との間で関係が開かれてくれれば、小さい風穴となって外の息吹きも吹きこんでいく。ラジオの周波数を規制したり、テレビチャンネルの規制もできなくなる。北朝鮮の国民の最たる不幸は、政治の動向は国民の意向によって定まるという、民主主義の基本を知らないところからもたらされている。北の絶対権力者が一番恐れるのは、特定の神様のような権力者が存在しなくても、国は成り立っていくということを国民が知ってしまうことだ。物理的な対応を持ってしては、北朝鮮の権力機構は絶対揺るがない。日・朝間の交流が開かれてくれば清新の風となって、必ず北の国民の心に届いてゆく。

ところが日本は依然として、北朝鮮の非を鳴らしてばかりいる。**アメリカを軸とした日本、韓国の三国間の安保条約が、北に対するがんじがらめの枷になっているからでもある。一九五三年休戦協定成立直後にアメリカと韓国との間で締結されたのが、韓国を反共の橋頭堡化する「韓米相互防衛条約」である。**同年一〇月一日をもって発効した。軍事独裁を欲しいままにした朴正熙軍事政権は十八年も続いたが、その軍事政権も民衆の広範な民主化要求闘争で国内が揺らぎだすと、その都度「韓米相互防衛条約」による安保大権を振り下ろした。**条約の第三条には「朝鮮半島に於ける唯一合法政府は韓国政府である」と規定されている。**その韓国の政権が危機に陥れば、いつでもこの防衛条約は発動されるようになっているのである。アメリカと日本との安保条約にも、また、日本と韓国との修交条約にもその文言はそのまま入っており、これらの条約の性格からして**北朝鮮は合法性を持たない、対象外の国なのである**。その無視されるはずの北朝鮮の核問題で、日・米・韓の三国はいま頭を痛め、強圧を効かせてでも対話の場に北朝鮮を引きだす必要があると、国際間の協力を声高に求めてもいる。取って付けたような正当論である。

日・米・韓の間ではとっくに、実質的な集団防衛体制はでき上がっていたのだ。したがって昨年九月の安保法制関連法案の成立は、自衛隊の海外出兵が主眼目の法的整備であったものでもある。これで北朝鮮との対話は硬直し、力づくの感情的対決はますます拍車をかけてゆくことであろう。北朝鮮の弾道ミサイルへの執着もまた、一層深まるばかりのものとなる。トランプ大統領がうそぶくように、たとえ北朝鮮が壊滅されようとも北朝鮮は決して自分らだけでは死なない。必ず日本を道づれにする。

日本にある米軍基地、日本海沿岸の原子力発電所は、弾道ミサイルの精度が高度に高くなくても、容易に攻撃できる対象である。特に米原子力空母の基地である横須賀は格好の標的だ。**何かあれば首都は損壊し、何百万の市民が焦熱地獄に見舞われるのは明らかだ**。

何がなんでも対話の場が作りだされねばならない。休戦協定の平和協定化こそ、北朝鮮を協議の場に坐らせる可能性が最も高い、話し合いの手がかりである。煽られてはならない。煽っている者を見届けよう。

（キム・シジョン／詩人）

「遅すぎることはない！」80年代の話題の書『原子力帝国』著者の遺書！

テクノクラシー帝国の崩壊

山口祐弘

　本書は、『原子力帝国』の著者として知られるロベルト・ユンクの *»Projekt Ermutigung. Streitschrift wider die Resignation«* (1988) の翻訳である。『原子力帝国』が西ドイツで刊行されたのが一九七七年であったから、原書の刊行までほぼ一〇年が経過していたことになる。その間、アメリカのスリーマイルアイランド（一九七九年）、旧ソ連のチェルノブイリ（一九八六年）における原発事故があり、『原子力帝国』で警告されていた原子力発電の欠陥と危険性とが世界的に露わになるに至った。わが国においては、一九九五年高速増殖炉もんじゅのナトリウム漏れ事故、一九九九年茨城県東海村のＪＣＯにおける核燃料製造工程での臨界事故、二〇一一年の東日本大震災に伴う東京電力福島第一原子力発電所の炉心溶融、水素爆発、放射能汚染事故、さらには二〇一七年日本原子力開発機構における作業員被曝事故と、将来に暗い影を落とす重大な事故が次々と発生した。「原子力帝国」を別世界の架空の物語としてではなく、身近に迫る現実として受け止めざるをえない状況になっているのである。

　そうした状況に身を置いて見るならば、著者ロベルト・ユンクは『原子力帝国』の刊行後、何を観察し考えていたのかに関心が持たれる。一九九四年に亡くなった著者の生の声を聞くことはもうできない。だが、それに代えて、いま前にしている著作は、その後の著者の問題関心と思索の方向を知る上で貴重な遺書となることであろう。

原子力帝国とは

　原子力帝国とは、核分裂によって生じるエネルギーを主要な電源とする国家のことである。しかし、軍事的な核エネルギーの利用ならばともかく、それを発電に応用することが、どうして「帝国」と呼ばれる国家形態と結びつくのか。帝国とは、絶対的な権力を握る皇帝が統治する国家のことであり、民主主義からかけ離れた形態である。しかし、原子力の導入と原子力産業の超近代的な発展は、市民の権利を抑圧し、民主主義を損なう形で進められ、全体主義的な雰囲気を作りだし、新たな専制政治を出現させるのではないかという危惧が持たれているのである。そこで「皇帝」ないしその廷臣として権力を振るうのが、**原子力政策の推進と産業の発展を担う技術官僚（テクノクラート）に他ならない。**

こうした「帝国」の出現は、核エネルギーの開発が軍事利用と平和利用の別なく、大きな危険を伴うということに起因する。一九四五年のアメリカ軍による広島、長崎への原子爆弾の投下によって明らかになったのは、核兵器が威力と破壊の規模において従来型の兵器と比較を絶するだけでなく、人類が経験したことのない放射線障害を引き起こすということであった。この放射能の脅威が平和利用と呼ばれる原子力発電においても決して除去されておらず、ひとたび事故が起きれば原子爆弾に劣らない汚染を引き起こすことは、チェルノブイリ、福島《フクシマ》の経験に照らして、もう疑う余地はない。この点において、核エネルギーの軍事利用と平和利用の間に一線を引くことはできないのである。

それだけでなく、原子炉の中では、安定的なウラニウム２３８が中性子を吸収して自然界には稀な核分裂を起こすプルトニウム２３９に変わる反応が起こっている。これは、再処理して新たな燃料として利用することができるが、同時に原子爆弾の原料にもなりうる。平和利用が軍事利用への道を用意するのであり、その転換はいとも容易になされうるのである。

こうした危険性があるため、核エネルギーの開発はそれだけ慎重になされ、施設と人員は厳重に管理・監督されねばならない。技術的な欠陥はもとより、人為的なミスも些かも許されない。比類なく過酷な作業環境に対応する厳重な管理体制が必要となる。それは、作業員の気紛れな行動は無論のこと、自由な創意や工夫を許さない統制に繋がっていく。こうして、全体主義的な体制が創り出されるのである。

民主主義への暗い影

こうしたことが求められるのは、言うまでもなく安全性の確保のためである。安全性とは、第一義的には、人間にとっての安全性であり、施設の周辺ひいては立地地域の全住民にとっての健康、生命、財産のための安全性である。だが、それは、逆転して、稼働中の施設と企業にとっての安全性という観念に転化する。危険性に目覚めた市民が疑いの眼を持ち抗議に押し寄せることこそが危険であり、市民の行動こそが警戒・監視されるべきだという意識が生まれる。原発再稼働に対して住民が起こした差し止めの仮処分を求める訴訟を担当する裁判官の判断に対して、「司法リスク」という言葉までが口にされるほどである。こうして、**市民の生活権を脅かし、世論を封じようとする風潮が広まっていく。それは、民主主義の根幹を蝕み、市民の管理・統制を強める傾向を生む。こうして、全体主義的な体質を持った「原子力帝国」が出現するに至る**のである。

▲ロベルト・ユンク（1913–94）

　このようなユンクの観察と分析の特徴は、核をめぐる従来の様々な分野（軍事的、技術的、医学的、芸術的、宗教的、心理学的、哲学・倫理学的）での取り組みに加えて、社会科学的・政治学的な考察を加えている点にある。さらには、人間そのものの変貌を指摘している点にある。**原子力帝国には、人間がテクノロジーを用いて自然を支配することが、人間の人間に対する支配に転ずる**という逆説が典型的に現れているのである。開発の推進者たちは、人間や生命よりも原子力への賭けを優先させ、それを非情な計算によって追求しようとする。そして、人間を道具としてしか扱わない非人間的な支配・管理を当然とし甘受する人間類型を作りだしてゆく。それは、核兵器と核技術の開発が、二度の世界大戦と全体主義の台頭という危機の時代に進められたことと無関係ではないと思わせる。それによって、自由と民主主義を標榜する国家にも暗い影が落とされるのである。

（構成・編集部／本書「訳者解説」より）

（やまぐち・まさひろ／東京理科大学名誉教授）

一九世紀随一のトリックスター、写真家ナダールの決定版評伝がついに刊行！　写真約二五〇点

19世紀フランスの肖像を描き出した男、ナダール

石井洋二郎

写真は、暴力＝愛の物語

写真を撮ったことのない人はまれだろう。写真を撮られたことのない人は、もっとまれだろう。とりわけカメラ機能をそなえたスマートフォンが普及した現在では、誰もがすぐに写真家に変身することができる。そして私たちはいつでもどこでも、容易に被写体になりうる。「写真を撮る／撮られる」という行為は今やそれほどにもあたりまえの、手軽で日常的な営みになった。

ところで、**「写真を撮るということは、写真に撮られるものを自分のものにするということである」**と、スーザン・ソンタグは夙に述べていた。確かにカメラによって対象をある視点から切り取り、ある瞬間に画像として固定するという振舞いは、被写体を空間的にも時間的にも限定し凍結させてみずからの支配下に置くことにほかならないから、その意味では「所有」の観念に密接に結びついた行為である。逆にいえば、意識的であるにせよないにせよ、写真を撮られる側の人間は画像として切り取られ固定化されることを受け入れる限りにおいて、多かれ少なかれ撮影者にみずからを譲渡し、その権力に身をゆだねることになる。要するに、「写真を撮る」という行為には絶対的な対象化・所有化という事態が必然的に伴うのであり、そこにはほとんど「暴力」に近い機制が働いているといっていい。

だが、果たしてこの暴力は一方的なものだろうか？　撮影者と被写体の関係は、「所有する者」と「所有される者」という不変的で不可逆的なものだろうか？　そうではなく、撮影者が被写体を「所有」するとき、じつは被写体のほうも撮影者をいくぶんか「所有」し返しているのではないか？　なぜなら一枚の写真に写しこまれているのは、撮影者によって切り取られ固定化された被写体の姿であると同時に、その被写体をそのように切り取ってそのように固定化した撮影者のまなざしそのものでもあるからだ。

カメラをはさんで対峙する撮影者と被写体、両者の交錯するまなざしがこのように「所有」をめぐる双方向的な緊張に支えられているのだとすれば、そのありようは限りなく愛に似る。愛とはとりもなおさず、見る者と見られる者のあいだに成立する切迫した力関係にほかならない。レンズを通して醸成される、この濃密な、ほとんどエロティックといってもいい視線の交渉がなければ、写真はどうしようもなく退屈な、単なる技術的所作にとどまってしまうだろう。その意味で、**写真が紡ぎ出すのは何よりも高度に凝縮された暴力＝愛の物語なのだ。**

見る者が見られ、見られる者が見る

以上の前提を踏まえた上で、三枚の人物写真を見ていただきたい。

フランス文学に多少なりとも関心のある人ならば、すぐにおわかりだろう。①はCh・ボードレール、②はG・サンド、そして③はV・ユゴーである。

これらはいずれも、人物を被写体としたいわゆる「肖像写真」である。だが、一見して感じられるように、彼らはただ一方的に見られる存在としてそこにあるだけではない。ボードレールもサンドもユゴーも、自分にカメラを向けている撮影者に視線を注ぎ、無言のうちにこう問いかけているかのようだ――あなたはどのように私のことを見ているのか。私をどのような角度からレンズに収めようとしているのか。私をどのような瞬間に画像として固定しようとしているのか。そしてけっきょくのところ、私とどのような関係を結びたいと思っているのか。

つまりこれらの写真では、モデルに向けられた撮影者のまなざしがそのままモデルたちのまなざしに転写され、撮影者が被写体を対象化しているのと同時に、被写体のほうも撮影者を対象化していることが強く感じられるのだ。**見る者が見られ、見られる者が見る、そうした視線の交錯**こそが、これらの写真を凡百の人物写真から分かっているのである。

一九世紀フランスの肖像を描き出す

これらの写真の撮影者は誰か？

そう、いずれもナダールである。ナダールは一九世紀フランスを代表する写真家で、一八二〇年にパリで生まれ、九〇年近くに及ぶ生涯を全うして一九一〇年に亡くなった。ここに挙げた三人以外にも、ゴーチエ、ネルヴァル、デュマ・ペールなど、有名作家の肖像写真を数多く手がけているが、作家だけでなく、画家のドラクロワ、作曲家のベルリオーズ、女優のサラ・ベルナール、歴史家のミシュレ、政治家のクレマンソー等々、彼のスタジオで被写体となった有名人は、分野を問わず枚挙にいとまがない。まさにナダールのカメラは、**肖像写真を通して一九世紀フランスの社会・文化の総体を写し出した**といっても過言ではないのである。

このように、ナダールは私たちにとって、常に「見る目」としてあった。彼のまなざしを通して、私たちはボードレールを見、サンドを見、ユゴーを見てきた。しかし先述した通り、そのナダール自身はボードレールやサンドやユゴーによって（そして彼がレンズを通して見てきた多くの同時代人によって）「見られる」存在でもあったはずだ。にもかかわらず、彼を「見られる対象」として語った文献は意外に多くない。確かに彼と交友関係のあった作家たちは回想録や書簡の中でしばしば彼に言及しているが、まとまった形でナダールを対象とした書物はほとんど書かれてこなかった。

けれども少し調べてみればすぐわかるように、ナダールはけっして一筋縄ではいかない人物である。そもそも彼は、はじめから写真家だったわけではない。リヨンの医学校に学びながらも、医学の道をあきらめ、雑文書きで糊口をしのぐようになった彼は、三〇代の半ばまで批評や小説を書きながらジャーナリズムの世界で活躍した後、写真に関心を抱くようになった。しかしナダールの名前が広く世に知られるようになったのは諷刺画家（カリカチュリスト）としてであり、写真家として本格的に活躍するのはその後のことである。しかも彼はそのまま写真家として生涯を終えたわけではなく、四〇代になると気球による空中飛行に情熱を傾けたりもしている。

つまりナダールは、医学生、ジャーナリスト、批評家、作家、カリカチュリスト、写真家、飛行実験家等々、その生涯を通してめまぐるしく「顔」を変えているのであり、およそひとつの定義にはおさまりき

ナダール（1820-1910）
自写像

らない多面性をもつキャラクターなのだ。文字どおりに複数の顔をもって複数の生を生きた人物であり、人間的にもきわめて興味をそそられる、脇役の地位にとどめておくにはもったいない男なのである。

　ロラン・バルトは『明るい部屋』において、ナダールの妻であったエルネスチーヌの晩年の写真を大きく掲げ、その下に「**世界中でもっとも偉大な写真家は、誰だと思いますか？――ナダールです**」という問答を記している。このようにバルトが賞賛してやまない破格の人物は、いったいどのような人々と交流し、どのような活動を展開し、どのような生涯を送ったのだろうか？

　本書は、このように並はずれたスケールで時代を駆け抜けたナダールという人物の軌跡を評伝風にたどりながら、その多岐にわたる活動の全貌を明らかにするとともに、**歴史をいろどる数多くの著名人との交流関係を通して、彼が生きた一九世紀フランスという時空の肖像を描きだそうとする試み**である。特に、これまでは「文学史」「思想史」「芸術史」といった個別の文脈に切り離して語られることの多かったこの世紀の文化の多様な担い手たちを、ナダールという固有名詞をいわば蝶番にして相互に結びつけ、彼の覗きこんだレンズを通して新たな相貌のもとに照射することができればと思う。

（構成・編集部／全文は本書所収）

（いしい・ようじろう／東京大学名誉教授）

「生命とその背景にある大自然への私たちの深刻な反省」（大田）

大田教育学の原点

——大田堯自撰集成 補巻「〈新版〉地域の中で教育を問う」刊行に当って——

大田 堯

生命の本質から考える

既刊『自撰集成』全四巻は、私の教育研究の後半期、主として一九九〇年代以降における語り、文章を集成したものです。それらは、いずれも現在の教育・社会情況に対する危機感によるものでした。それは単なる政治的観点というより、人間学的な立場、ないし生命の本質にかかわっての立場からの危機意識によったもの、と私自身は考えております。

それに対して、新たに付加するこの補巻は、**私の研究の初期、中期の、地域の現地に足を踏み込んだ、教育・社会情況での私の学習、調査の報告、実践の記録を集めて、年代順にまとめた文集**といえます。『地域の中で教育を問う』という題の一冊の単行本となっていたものを、そのまま集成の一巻として加えさせていただくことにしました。ある意味では、既刊の全四巻に収めた語り、文章への準備過程の所産ともいうべきものと考えられます。

したがって、もとになったこの単行本の「はしがき」ですでに書いておりますが、初期の調査報告を見ますと、実に稚拙なものも含まれておりますので、私自身がこれを読んで赤面するような調査報告もあり、新版で補巻として集成に加えることに正直ためらいもあります。しかし、やはり当時の私の研究意欲とその痕跡として、そのまま載せさせていただくことにしました。その方が既刊全四巻をお読みいただく、これからの研究者の参考にしていただけると考えたのでした。

朝鮮戦争から復古に向かった日本

それにしましても、そうした初期の報告を書いた時代の教育・社会情況と、今日の教育・社会情況には、実に大きな変化を感じないわけにはおれません。**この補巻の最初の地域報告は一九四九年です。一九五〇年が朝鮮戦争で、**それまでの戦後の数年は、戦前・戦中を体験した私たち世代にとっては、**民主化をめざす〝あ**

けぼの〃の時代と考えてきました。

軍隊はつくらない、戦争はしない、農地改革が実行され、女性の選挙権も獲得され、教育では六・三・三制、すべての子どもに、少なくとも中学校までは教育が保障される、それらがとりあえず次々と実行された時代でもあります。しかし、朝鮮戦争を機として、事態はうちつづく保守政権のもとでほとんど一途に、むしろ復古へと向かい、今に至っています。

▲大田堯氏（1918-）

もっとも、私の危機意識は、単に現在の教育・社会情況、当面の政治状況、政権云々を超えて、実は世界全体の動向の中に、真の危機がひそんでいると考えています。それは、世界全体をつつんで、モノ・カネに傾いた経済中心の風潮の支配下での人間の状態、具体的には生命でつながる人間関係の著しい孤独化と格差化にあると思っています。これに対して、生命とその背景にある大自然への私たちの深刻な反省にたった、草の根からの対応の在り方こそが、個人にとっても、社会にとっても、今緊急な課題だと思っています。

私の『自撰集成』の補巻はその課題への挑戦であり、ささやかな「かすかな光」として、読者のみなさんに訴えるものであることを願っております。

（おおた・たかし／教育研究者）

「自己と非自己」を問うた免疫学者にとって、「能」とは何だったのか？

「多田先生」と呼ぶ私

――『多田富雄コレクション4 死者との対話』（全五巻）刊行に当って――

いとうせいこう

「先生」としての多田富雄さん

学生時代から多田富雄さんの著作はよく読んでいたが、ある時を境に私は心の中で「多田先生」と呼ぶようになった。他人を「先生」と言うことがほとんどない自分の、これは意識的な行為である。

かつて松岡正剛氏と二人でさる企業の泊まり込みでの役員研修に携わった折、そこにゲストの一人として多田先生が現れたのだった。免疫学界の大家として「自己と非自己」のお話をされるのが大筋であったが、多田先生は他のゲストの話を前日から後ろの方で聞き、ノートさえ取っておられたと思う。

多田先生のことはなぜ強烈に記憶しているかと言えば、事務局によって研修生の後ろに並べられた「教師」側の著作のうちの私の戯曲集、それも『ゴドーは待たれながら』というベケットへの返歌を手にとられているのを見たからだった。

ちょうどそばを通りがかった私は、そもそも尊敬している人が自分の本の中身を読んでいることに緊張し、立ち止まってしまった。するとそれに気づいた多田先生はこうおっしゃるのだ。

「この戯曲は上演されましたか？」

「はい。以前、シティボーイズというコントグループのきたろうさんで一度」

多田先生はため息を少しつき、

「ああ、それは見たかった」

と言われた。私は驚いた。私の戯曲から学ぶ点などないと思ったからであり、それでも「どんな機会も逃さず学ぼう」とする多田先生の、上下を作らない公正な態度、そして飽くなき好奇心に度肝を抜かれたからである。

そしてもちろん、私はそれ以前に増して多田富雄を尊敬するようになった。今度は人間としての大きな敬意も加わっていたから、当然「先生」と呼ぶことに疑いはない。

飽くなき好奇心

もうひとつ、その後こんなこともあっ

た。多田先生が倒れられたあと、シアタートラムだったかシアターX《カイ》だったかに現代劇を観に行った時ではないかと思う。ほとんどの観客が席についた頃、背後の扉が開く音がし、少し荒い息がした。どういうわけかわからないが、私は多田先生が来たとわかった。

そっと後ろを向いて確かめると、本当にそうだった。車椅子の上に先生がおられ、奥様がその介護をしておられたと思う。舞台は確か多少の前衛性を漂わせた若い劇団のものだったような気がする。なぜなら、私は多田先生が「また学んで」おられると思ってびっくりしたから。頭が下がると同時に、その貪欲さに恐ろしささえ感じたものだった。

さて、そんな多田先生の新作能と能論を収めた本著にこうして文章を書けるのは僥倖であり、やはり同時に恐ろしい。すでに亡くなってしまった多田富雄はそのように私の中で超自我に組み込まれてこの世を見張っているのだと気づくと、もはやそれが能としての機能のひとつであることは言うまでもなく、多田先生はいまや舞台の裏、そもそも世阿弥が「後ろ戸の神」がいるといったあたりに、ノートを持ってじっとしているような気もしてくる。（構成・編集部。全文は本書所収）

（作家、クリエーター）

▲多田富雄（1934–2010）
撮影・宮田均

リレー連載　近代日本を作った100人　43

新渡戸稲造——近代日本を牽引した「真の国際人」

草原克豪

「インターナショナル・ナショナリスト」としての生き方

新渡戸稲造は近代日本の稀にみる発信者であり、真の国際人であった。若い頃に「我、太平洋の橋とならん」と志して、生涯にわたって西洋の思想・文化を国内に紹介するかたわら、むしろそれ以上に、日本の思想・文化を世界に発信したのである。この点において彼の右に出る者はいない。

新渡戸の『武士道』は、今なお国内外で広く読まれている名著だが、この本で著者は、西洋人に対して「日本はキリスト教国ではないがそれに劣らない倫理道徳がある」ということを主張した。国際連盟事務次長に就任すると、西洋中心の近代社会の中で東洋的知性の代表として存在感を発揮し、「東洋と西洋が互いに学び合う」必要があることを身をもって示すとともに、日本の国際的地位を高める上でも重要な役割を果たした。

またアメリカの日系移民排斥や、満州事変後の反日感情の高まりに際しては、アメリカ各地をまわって日本の歴史・文化を始めとする諸事情を幅広く紹介しながら、日米相互理解と友好の促進に努めた。

こうした発信活動を支えていたのは、祖国日本と世界平和のために尽くすという、「公に奉じる精神」である。それは愛国心と国際心を持ち合わせた新渡戸が目指した「インターナショナル・ナショナリスト」としての生き方でもあった。

人格主義の教育者

新渡戸は日露戦争の後、第一高等学校（旧制一高）の校長に就任し、新時代の要請に応えられる指導者の育成に取り組んだ。当時の一高は俗世間を一段低く見て排他的な世界に閉じこもる籠城主義や、剛健主義の校風で知られていたが、折から国家主義的思想が強まる一方で、西洋の社会主義思想などの影響を受けて価値観が混乱する中、迷い煩悶する青年が増えていた。彼はそこに「社交性（ソシアリティ）」を持ち込んで校風を一新したのである。

彼は、東洋には西洋におけるような人

格あるいは個性（Personality）の観念（あるいは自己意識）が発達しなかったことを問題視していた。人格の観念がなければ個人としての道徳的責任の観念もなくなり、責任感がなくなれば民主主義も成り立たなくなる。それでは日本の近代化は望めない。したがって教育の最大の目的は人格形成でなければならない。そう考えて、自ら週一回の倫理講義を担当し、そのほかに課外講義も行って生徒の訓育に当たった。

　彼が目指したのは、専門分野のことにしか関心がない人間や、世間のことは何も知らないといった人間をつくるのではなく、知的にも道徳的にもすべての点において円満な人間をつくることだった。そのため生徒たちには、自分の内面を見つめて修養に努めるだけでなく、教師や友人との交際を盛んにし、外の社会に対しても積極的に関わっていける人間になることを期待したのである。

教え子たちの活躍

　時代は下って一九四五年、日本は戦争に敗れ、戦後の困難な時代に日本の舵取りを任されたのは、かつて一高で新渡戸の薫陶を受けた教え子たちであった。

　その中には文部大臣を務めた前田多門、田中耕太郎、森戸辰男、天野貞祐、東大総長を務めた南原繁、矢内原忠雄らがいた。彼らは、この国家存亡の危機に、恩師新渡戸稲造の精神を受け継いで人格の完成を教育の目的に掲げ、祖国の復興に全身全霊を傾けた。

　戦後制定された教育基本法の第一条には、教育は「真理の探究と人格の完成」を目的とすることが謳われた。「人格の完成」という文言にこだわったのは、当時の文部大臣、田中耕太郎であった。

（くさはら・かつひで／拓殖大学名誉教授）

▲新渡戸稲造（1862-1933）

盛岡藩（現在の岩手県盛岡市）出身。東京英語学校から札幌農学校に進学してキリスト教に入信するとともに、米国人教師から幅広い一般教育を受け、さらに米独に留学して最先端の歴史学・経済学・農政学などの学問を身に付け、米国人のメリー夫人を伴って帰国。札幌農学校で教鞭をとったあと、米国で病気療養中に英文の名著『武士道』を著した。その後、台湾総督府に招かれて糖業の近代化を図り、さらに京都帝国大学教授を経て、第一高等学校で人格主義の教育者として多くの有為な人材を育成し、東京帝国大学では植民政策の第一人者として活躍し、ジュネーブに国際連盟が創設されるとその初代事務次長として国際平和と相互理解のために尽力した。

連載 今、世界は（第Ⅳ期） 6

和辻日本倫理思想史

平川祐弘

ロビンソン・クルーソーのような独立個人をゴッドとの関係で想定する罪の倫理学も西洋にはあり得たが、そんな孤立的な原始人を想定できぬとしたところから和辻哲郎の「人間の学」である日本倫理学史は始まる。その方法論的考察は再読に値する。

和辻は、西洋はキリスト教もギリシャ・ローマも文化上の祖先と考えるから、西洋では西洋倫理学の歴史をたどればそれが倫理思想史となる。近代においても汎ヨーロッパ的で、独仏英等の諸国民が生活の中から生み出した倫理思想なるものは問題となる余地がない、とした。大まかな断案で、竹山道雄は「ニーベルンゲンからナチの土俗倫理は生まれた」と疑問を蔵書に書きこんだ。だが和辻が強調したかった日本の特色とは、シナの儒教倫理学を歴史的にたどっても、日本倫理思想史とはならず、日本では日本列島の自分たちの生活の歴史の中に倫理思想の展開をさかのぼって求めようとする要求が強かったことである。

西洋人がキリスト教やギリシャ・ラテン文化を「外来文化」としないのに対し、日本人はインド起源の仏教や中国起源の儒教を「外来文化」と感じた。和辻はそれを鎖国時代の現象で国学者の影響と観察した。そして日本文化はこれら先進文化を血肉化したからこそ華ひらいたのだとも注意した。ただし現代日本の倫理学の学的伝統をたどる際は、西洋倫理学史と呼んでよかろうが、日本における倫理思想の歴史は日本民族の歴史的な生そのものの中から掘り出さねばならないとした。きわめて妥当な見方である。

和辻は大学で哲学Philosophieを学んだがあまり得るところはなく、言葉Philologieから多くを学んだ、と回想する（『ホメーロス批判』）。『古事記』を英訳したチェンバレンは記紀歌謡の価値を認めないが、和辻は古代歌謡に感じいり、清明心の道徳を認めた。そんな古代から伝わる神道文化は今も日本人の心の奥に息づいていると私は感じる。

（ひらかわ・すけひろ／東京大学名誉教授）

■〈連載〉沖縄からの声［第Ⅲ期］7

宮古　八重山の文化

作家　大城立裕《おおしろたつひろ》

宮古や八重山諸島にはミャーカ墓とよばれる墓がある。亀甲墓などの生まれる前の、掘り下げて蓋をかぶせた形であり、島全体の文化が古式を残していることの象徴であろう。

歴史を読むと、いかにも神話的な超能力をもった人物が登場するなど、それが十六世紀の尚真王の全国統一前後のこととしてあらわれる。歴史の進展が遅れたことの証かと思われるが、それが文化の古式を温存している所以でもあろうか。

おなじく古式を温存しているとはいえ、宮古と八重山の文化の形はかなり異なる。

宮古では、三線の普及がかなり晩かったが、それは歌唱の水準が高かったからだとも言われ、たしかに宮古民謡の歌唱は力づよい。それに、踊りも古典的個人芸でなく、集団の歌と囃子につれて踊る形式で、祭の集団舞踊の迫力はすごい。

一方で八重山のそれには、個人舞踊が多い。かつ、そのスタイルは沖縄本島のそれに似せている。ただ、それを乗せる音楽はまったく地元の独自のスタイルであり、その作品もきわめて多い。

八重山にトゥバラーマと呼ばれる唱歌がある。万葉時代の歌垣に類するもので、毎年の秋にそのコンテストがあるが、歌詞はすべて方言による創作である。

八重山では、家庭のしつけも古式の沖縄の士族のそれに準じて、きびしい。ある人に言わせると、沖縄芝居の伴奏音楽の六割は八重山民謡だという。沖縄と八重山との近縁性と関係があろうか。

言ってみれば、宮古の気質は漁業を主とした海洋的な肌合いのものであり、八重山のそれは、農業のほか首里士族の流れを汲むものであると言えようか。沖縄文化にくわしい鎌倉芳太郎先生が、宮古をスパルタに擬し、八重山をアテネに擬した。けだし適評かと思われる。

言葉が、沖縄本島のわれわれにとっては、宮古、八重山のいずれも聞き取りがたいが、比較的に八重山が沖縄本島に近いといえる。なぜ、地理的に近い宮古の方言より八重山の方言が首里方言に近いか、言語学者でも説明が難しいという。

与那国は石垣島の西方にあり、その方言は石垣の人にも聞きとれないという。

Le Monde

■連載・『ル・モンド』から世界を読む〔第Ⅱ期〕14

「日本を裁く」

加藤晴久

第二次世界大戦は、ヨーロッパでは一九四五年五月、ナチスドイツの崩壊で終結したが、アジアでは八月、日本の降伏（＝アジア諸国の解放）で終わった。そのため、この月にはフランスのメディアでも日本が話題になることがある（ただし、空襲や原爆による被害者の話ではない）。八月八日、仏独共同経営の文化テレビ局「アルテ」が（「フルシチョフ、アメリカを行く」で知られる）ロシア系カナダ人の実力派ドキュメンタリー作家ティム・トイゼ監督の「日本を裁く」（五五分）を放送した。八日付『ル・モンド』（また二日付『カナール・アンシェネ』）が紹介していた。

この作品、フランス語タイトルは«De Nuremberg à Tokyo»「ニュルンベルクからトウキョウへ」だったが、原題は«Judging Japan»「日本を裁く」。

米日のアーカイヴを使って東京裁判の経過をたどり、これがニュルンベルク裁判とは同列に論じられないパロディであった、なぜなら、被告席に座るべき主要人物が不在だったからであることを立証している。たとえば、一回目の尋問で東条英機被告は「天皇に逆らうことができる者はひとりもいなかった」と証言したが、二回目の尋問でアメリカのキーナン主席検事は「天皇は一貫して平和の人であった」と修正させた。オーストラリアのウェッブ裁判長は天皇を出廷させようと試みたが、裁判の組織者であるマッカーサー将軍に阻止された。

日本占領連合国軍最高司令官であったマッカーサーは、天皇を裁けば、日本は内乱状態になり共産化すると危惧して、アジア諸国で「彼の軍隊が犯した残虐行為についての彼の道徳的責任をいっさい問わない」ことにしたのである。

このドキュメンタリー、NHKが放送する可能性はまずないだろう。

でも思う。昭和天皇の後継者は、自分の生涯を、父親の犯した罪を償うための歩みと意味づけておられるのではないだろうか。国の内外で重ねておられる象徴的行為のおかげで、わたしも、かつての「皇国」の一員であることを恥じる意識が多少は和らぐような気がする。万謝。

（かとう・はるひさ／東京大学名誉教授）

■連載・花満径　19

水づく屍

中西　進

海戦で生命をおとした死者を「水《み》づくかばね」というのは、実は解りにくい。

死者の身体を「屍」（死んだ体）と書く中国人の文字は、解りやすいが、日本語の「かばね」は家柄をも意味するからである。

いまわたしたちが、姓名を名乗る、その姓を当時は「かばね」と訓《よ》んだ。だから死者は家柄まで水づかせることになってしまう。

別に日本語には、肉体をあらわす「むくろ」ということばがある。水没した死体をいうのはこの方が適切であろう。

なぜなら、「むくろ」とは「身《み》・幹《から》」の訛りで、こちらの方が単純に肉体を指すからである。たとえば「身体《むくろ》長大、容姿端正」（景行四〇年紀）と見える。

そこで、にもかかわらず「かばね」と表現したことには、「海ゆかば」作詞者の特別な意図があったと思える。

意図とは何か。「かばね」とは骨（秀《ほ》根《ね》）に対して根を庇う「庇根《かばね》」らしい。

一方韓半島では家柄を「骨」と認定して、身分制を骨品制とした。

たしかに植物は地中の根によって生命を授受しつづけ、幹（美《み》木《き》）を伸ばして生命活動をするが、地中の根には必要な庇《ひ》土《ど》がある。人間にあっても幹は秀根と庇根とから成り、骨髄液の中に遺伝子を保って生命を授受する真の根と、それを包み庇う部分の根とから成り立っていると考えたのだろう。

そこで継承される家柄を中国では姓と書き韓半島では骨だといい、日本では「かばね」と称することになった。

そこで本題に戻ると、兵は一族のすべてを背負って戦い、海戦の死者は家門の名誉をもって水上を浮遊すると、この詞は訴えたことがわかる。

美しいばかりにみごとだが、さて誇るべき家門をもたない兵どもは、どのように「かばね」を思い出せば、死を甘受できたのだろう。

戦闘はいかなる時も、兵が一個の人間になることを、許しはしない。

（なかにし・すすむ／国際日本文化研究センター名誉教授）

〈連載〉生きているを見つめ、生きるを考える ㉛

個としての細胞と全体の一部としての細胞

中村桂子

前回、真核細胞は寿命をもつことになったと語った。これがひいては個体の死につながるわけだが、その途中に細胞が集まってできた個々の臓器の寿命という課題がある。心臓は約二〇億回の心拍を打つと力尽き、心拍数の速い動物は寿命が短い。人間の心拍数は一分間に五〇～八〇回ぐらいだが、ネズミは三〇〇回ほどと速い。

心臓は直接個体の寿命につながるが、それ以外のいずれの臓器も時間と共に機能が衰え、寿命を迎える。ここで、それぞれの機能を支える血液を大量に消費する臓器ほど老けやすいという事実が見えてきている。

血液消費の一位は腸（三〇%）、二位が腎臓（二〇%）である。二つで五〇%とはかなりの比率である。因みに三位は脳と骨格筋で一五%である。脳は重量の割に血液消費量が多いので、坐って本を読んでいるから、エネルギーを使っていないと思うのは間違いだ。血液が運ぶのは赤血球のヘモグロビンと結合した酸素、免疫反応をする白血球、止血用の血小板である。血漿には、腸からの栄養素、腎臓からの老廃物、その他ホルモンなどさまざまな物質がある。

まず、血液が運んだ酸素を利用して細胞内のミトコンドリア（元は寿命のない原核生物）がエネルギーを生産するのだが、腸と腎臓の細胞にはミトコンドリアが多い。この二つの臓器は栄養分と老廃物の吸収に関わっており、吸収という作業はエネルギーを多く必要とするからである。そしてこの作業の衰え、つまりミトコンドリアの機能低下が、細胞を弱らせ臓器を衰えさせていくことになる。

つまり、これらの臓器が老いやすいのは、ミトコンドリアの機能の衰えによると言える。本来死のなかった原核生物由来のミトコンドリアが、真核細胞に入ったことによってある種の寿命をもち、それが臓器、更には個体の寿命につながるのだから興味深い。一個の細胞としての生き方と、全体の一部になった時の生き方との違いが、生きるという言葉の中身をまた少し深めてくれたように思う。

（なかむら・けいこ／JT生命誌研究館館長）

連載 国宝『医心方』からみる 7

蕎麦——実も葉も、そして茎まで

槇 佐知子

今年も新蕎麦の季節となった。

蕎麦といえば信州の戸隠《とがくし》で、特産の戸隠大根の大根おろしで食べた味は忘れられない。

戸隠大根は上野大根、ねずみ大根ともいい、二百グラム前後で、形がネズミに似て小型である。水分が少く、辛味が強い。それを円を描くようにしておろすのだと、元祖・岩戸屋の主人は教えてくれた。

蕎麦を盛った笊《ざる》を見たときはとても食べきれないと思ったのに、一筋も余さずに食べおえたときは我ながら驚いた。

タデ科一年草のソバはバイカル湖畔やアムール河畔、中国東北部に原種が自生し、ヒマラヤ山脈中のブータンの奥地でも栽培されている。ソバの実が三稜《りょうけい》形をしているので、日本ではソバ（稜）と名付けられたという。

中国では花蕎《かきょう》ともいい、『千金方《せんきんほう》』に登場している。実《み》は粉末にして食用にした。日本でも昔は粉末を水でこね、鶏卵や長芋を加えて蕎麦切り、蕎麦がきとして食べた。

そのほか蕎麦まんじゅうにして、きな粉をまぶす。これはできたてでないと罅《ひび》割《わ》れて、おいしくない。

『医心方』では効能について、

◦五臓の穢《けが》れや滓《かす》をやわらかにして体外へ排出させる。

◦五臓の機能を正常にコントロールし、充実させ、旺盛にする。

◦不老長寿薬として中世まで用いられた石薬（鉱物や玉石を原料とする薬）の薬害を非常によくおさえる。

◦葉は煮て食べると耳や目に良く効き、咳きこみや嘔吐をしずめる。

◦茎を焼いて灰にし、その灰汁《あく》で家畜のできものや馬の蹄《ひづめ》を洗うと、驚くほど効きめがある。

などを挙げているが、消化が悪く風《ふう》邪《じゃ》と熱が結合するとして多食を禁じている。

石薬は草木と異なり枯れないため、不老不死薬の原料として道教の仙人たちが深山で製薬した。砒素や水銀も使われたので薬害が続出した。馬王堆《まおうたい》出土の利《り》蒼《そう》夫人も服石者であった。

（まき・さちこ／古典医学研究家）

九月新刊

“生命知”の探究者の全貌

いのち愛づる生命誌《バイオヒストリー》
38億年から学ぶ新しい知の探究

中村桂子

カラー口絵8頁

DNA研究が進展した七〇年代、人間を含む生命を総合的に問う「生命科学」出発に関わった中村桂子は、DNAの総体「ゲノム」から、歴史の中で生きものを捉える「生命誌」を創出。「科学」を美しく表現する思想を「生命誌研究館」として実現。

四六判　三〇四頁　二六〇〇円

人生の指針としての書

名著探訪108
知の先達29人が選ぶ

藤原書店編集部編

各界の碩学29人が豊かな読書体験を披瀝！

市村真一／一海知義／猪木武徳／上田敏／上田正昭／大沢文夫／岡田英弘／粕谷一希／川満信一／河野信子／小林登／佐佐木幸綱／塩川正十郎／住谷一彦／高橋英夫／辻井喬／角山榮／永田和宏／中村桂子／芳賀徹／速水融／原田正純／針生一郎／平川祐弘／星寛治／村上陽一郎／家島彦一／安丸良夫／渡辺京二　（五十音順・敬称略）

四六変上製　四四〇頁　三二〇〇円

ベケットがアップデートし続けた『ゴドー』の神髄とは？

改訂を重ねる『ゴドーを待ちながら』
演出家としてのベケット

堀　真理子

一九五三年に初演され、現代演劇に決定的な影響を与えた『ゴドー』。ベケット自身が最晩年まで取り組んだ数百か所の台本改訂と詳細な「演出ノート」によって、ベケットが作品に託した意図を詳細に読み解き、常にアップデートされながら、生き続ける作品『ゴドー』の真価を問う。

四六上製　二八八頁　三八〇〇円

真に普遍的な「人権」概念をいかに構築するか？

世界人権論序説
多文化社会における人権の根拠について

森田明彦

「人権」概念が世界的に普及しつつある今、「西洋近代」という出自を超えより普遍化する論理が求められている。非西洋地域の文化と伝統のなかにも「人権」の正統化の根拠を探る。

四六上製　二四八頁　三〇〇〇円

市場経済の思想の不在・問われなさを越える

社会思想史研究41号
〈特集〉市場経済の思想
市場と資本主義を考える

社会思想史学会編

〈特集〉佐藤方宣／重田園江／山田鋭夫／崎山政毅／平子友長

〈公募論文〉馬路智仁／野末和夢／大井赤亥／小野寺研太／成田大起／坪光生雄

〈書評〉奥田太郎／太田仁樹／三島憲一／宮本真也／山崎望／武藤秀太郎／井上彰／宇城輝人／高草木光一／黒川伊織／岡田拓也／渡名喜庸哲／三宅芳夫／崎山政毅／山下範久

A5判　二八八頁　二六〇〇円

読者の声

声なき人々の戦後史 ㊤㊦■

▼①原発をゼロにすべきである。一刻も早く。国の総力をあげて、自然エネルギーを増強すべきである。

②三井三池争議や国鉄ストのことは、時日の経過で忘れかけていたが、思いを新たにした。

（愛知　稲垣克巳　88歳）

叢書『アナール 1929-2010』他■

▼『叢書『アナール 1929-2010』』の完結を祝おうと思います。死を意識する今、読みたい本は多く、困っています。後藤新平シンポジウムは、他の予定があり行けません。元田永孚については、もっと調べてよい人物です。私の父方祖父の茂樹は、二代目元田永孚を襲名し、枢密顧問官となり、女子を横井小楠の孫にとつがせました。

（東京　木村修）

『医心方』事始■

▼『医心方』は何巻もあるが少しずつ発刊してほしい。

（山口　農業　村野昭夫　67歳）

「生きものらしさ」をもとめて■

▼私ははずかしながら、「生物物理」というコトバも、従って?大沢文夫の名すら知らなかった。

当著をよみすすむうちに、いわゆる「生きものらしさ」とは何かを改めて首肯・理解できた。とてもさわやかで気持ちのよい、いってみれば人間として生きてきたことの、そしてこれから先の生きざまの大切な、多くのことを教えられた。わかりやすく、やさしい言い草にこめられた深い内容には、てらいのない著者と読者（つまり私）との自発性、関係性を志向・共有できたことが強い印象として心にのこった。

（香川　西東一夫　81歳）

存在者　金子兜太■

▼手元にあるだけで未読。これから読みます。その前に『機』を読み、『米軍医が見た占領下京都の六〇〇日』『動物たちのおしゃべり』『沖縄健児隊の最後』を注文します。難しい本は読めませんが、真面目な本は読んでみたいです。

貴社出版の本は初めてだと思います。

（静岡　自営専従者　高月逸子　75歳）

▼我々昭和を生き抜いた人間にとって貴重な歴史でもあり、俳句の世間のいろいろなことがわかり、人物も多く書かれている貴重な書と思います。

（大分　耳鼻咽喉科医師　辛島惟子　84歳）

米軍医が見た占領下京都の六〇〇日■

▼二冊目です。姪の娘が見つけ（祖父が丁度当時医学部教室に在籍中）、どうしてもと言い持ち帰りましたので再度の注文です。夫、義兄二名他皆鬼籍に入りました。

（兵庫　戸田曉美　80歳）

苦海浄土　全三部■

▼天草の海を舞台に、逃げられない水俣病の様子が書いてありましたが、とにかく分厚い本で、わかりづらかったです。天草で生まれ育った彼女の強い生命力が、全編に溢れており、著者の魂が何億年と続くようなそんな感じがしました。まだ全部はよんでません。拾いよみしてます。彼女は化物です。熊本からこんな作家が生まれたことを光栄に思います。

（熊本　永村幸義　70歳）

古代史研究七十年の背景■

▼京都の山椒の如く、小粒でピリッと刺激の有る高麗美術館で「上田正昭と高麗美術館」を観て来ました。『広開土王碑拓本』は圧巻でした。

昨年は上田先生、今年は法隆寺高田長老が黄泉路へと旅たたれ、さみしい限りです。

小生の『民際』は、今年「21世紀朝鮮通信使友情ウォーク」で大阪市役所〜枚方市二八キロを伴歩しました（時たま聞こえるハングルは楽しかったです）。来年は五日間大阪市役所〜彦根一三六キロを伴歩したいと思っています。

（大阪　自営業　**越川定**　66歳）

機 no.298 ■

▼近頃巷に流行るモノ――時間泥棒（スマホ）、そのせいで東大すら一冊の本を読まなくても入学、そして卒業してしまう世の中だ。こんな時代に読書など必要なのか。

古文・漢文などの古典は、一体何の役に立つのかと、良く聞かれる。

ならば、社会人をしくじった私が申し上げる「人間社会というものは古典の積み重ねである」と。学校を出てからウン十年過ってやっと気付いた。私は学生時代はずっといじめられていたが、取り敢えず命は助かったので、全て捨てて時間を取った。読書をした。そして御社との縁もできた。だからこそ言えるのだ、「読書なくして人生なし」と。

（神奈川　**斎藤真実**　39歳）

※みなさまのご感想・お便りをお待ちしています。お気軽に小社「読者の声」係まで、お送り下さい。掲載の方には粗品を進呈いたします。

書評日誌（七・三〇〜九・一五）

(書) 書評　(紹) 紹介　(記) 関連記事　(テ) テレビ　(イ) インタビュー

七・三〇　(書)静岡新聞『医心方』事始」（「知の宝庫の概要伝える」／九十九旦）

八・四　(記)読売新聞「正伝　後藤新平」（「拝啓　安倍晋三様」／「信無くんば立たず」／橋本五郎）

八・六　(書)毎日新聞「核を葬れ！」（浩）

八・一三　(紹)日本農業新聞「声なき人々の戦後史」

八・一六　(紹)週刊朝日「サマルカンドへロングマルシュ　長く歩くⅡ」（星野博美）

八・二〇　(書)東京新聞・中日新聞・西日本新聞「声なき人々の戦後史」（「権力に抗する精神の記録」／米田綱路）

(書)朝日新聞「核を葬れ！」（依田彰）

八・二六　(書)公明新聞「多田富雄コレクションⅠ　自己とは何か」（「科学者から漏れ出る諦念」／森岡正博）

八・三〇　(書)THE SHAKAI SHIMPO「声なき人々の戦後史」（「もうひとつの日本の歴史」／田沢竜次）

八月号　(紹)労働情報「声なき人々の戦後史」（「民衆史を運動で見据え」）

九・二　(書)中日新聞「月の別れ」（「多彩な素顔　生き生きと」／「本人の随筆、絶筆コラムも」／三品信）

九・三　(記)毎日新聞「水俣の海辺に「いのちの森」を」（「死と生の循環違う世界観で」／「石牟礼道子さん新作狂言『なごりが原』　9日熊本で初演」／「萬斎『被災者が希望抱く儀式に』」／渡辺亮一）

(紹)熊本日日新聞「無常の使い」（「胸に入り込む優しい言葉」／田中節子）

九・五　(書)日中友好新聞「ことばの万華鏡」（青山由紀子）

九月号　(紹)サライ『医心方』事始」（「難解で有名な医学古典の概要をわかりやすく解説」／鹿熊勤）

九月号　(書)日経サイエンス「生きものらしさ」をもとめて」（「生物物理学の開拓者が説く現代社会への提言」／中西真人）

二〇〇六年に亡くなった国際的社会学者・鶴見和子さんを偲ぶ集い

山百合忌の集い

二〇一七年七月三十一日(月)　於・山の上ホテル

今年は鶴見和子さんが再発見した世界的博物学者、南方熊楠の生誕一五〇年。まず主催者の藤原書店藤原良雄社主からの恒例のあいさつ。その中で、熊楠と和子さんの関係に触れ、晩年和子さんとも交流があった参加者の松居竜五氏(龍谷大学教授)をご紹介した。

献杯の発声は上田敏氏(東京大学元教授・医学者)。父・祐輔氏、和子氏と親子二代のリハビリに携わった経験から。

歓談ののち、講話の時間となった。まず松本侑壬子氏(映画評論家)は、共同通信記者時代に鶴見さんに取材し、その美しい暮らしにふれた経験を話し、映画評論家として映画を通して見た〝女性〟を追い続けてきたが、鶴見さんには一九五一年に既に先駆的な論文「日本母性愛映画の分析――「母もの」は何故泣くのか」があることを指摘した。

続いて芳賀徹氏(東大名誉教授)は、優れた学者でありながらごりごりでなく、本当にチャーミングだったありし日の姿を偲び、また鶴見さんの名著『好奇心と日本人』の内容にふれ、その魅力を紹介した。

そして歌、おどり、きものといった〝芸〟に親しんだ鶴見和子の世界を表現する「語りと舞」のコーナーは、「鶴見和子　臨終の記――『遺言』より」と題し、笠井賢一氏が構成・演出。節付・謡・舞は野村四郎師(観世流能楽師)、語りは金子あい氏(女優)、作曲・三味線は佐藤岳晶氏、尺八は設楽瞬山氏。鶴見さんの妹・内山章子氏が、その看取りの一部始終を書かれた「病床日誌」を語りつつ、金子氏が鶴見さんの着物を着て舞った。

今年も、生前より縁の深かった皇后様もご臨席戴き、三時間が瞬く間に過ぎていった。司会は、俳人・黒田杏子氏。

(記・編集部)

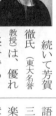

十一月新刊予定

＊タイトルは仮題

幻の詩集『日本風土記II』収録！

金時鐘コレクション（全12巻）

[2] 幻の詩集、復元に向けて

『日本風土記』／『日本風土記II』

発刊！

金時鐘

編集協力＝細見和之・宇野田尚哉・浅見洋子

初の詩集『地平線』（一九五五）から、『猪飼野詩集』等を経て最新の『失くした季節』等の詩、また随筆、評論、講演、金時鐘論を集成した待望のコレクション。第一回配本は、刊行取り止めとなった『日本風土記II』他。〈解説〉宇野田尚哉／浅見洋子

フロイトとケインズから読む「資本主義」

資本主義と死の欲動

ジル・ドスタレール
ベルナール・マリス
斉藤日出治

貨幣への病的欲望を指摘したフロイトに応答し、世界恐慌のなかで、経済成長は「死の欲動」の先送りだと看破したケインズ。二人の天才のメッセージを通じて、ケインズ研究の大家と気鋭のエコノミストが、現代のグローバリゼーションがはらむ自己破壊に警鐘を鳴らす。

書簡に体現された「昭和の精神」

竹山道雄の手紙の世界

平川祐弘＝編著

戦前の軍部・ナチズム批判から、戦後の全体主義批判まで、リベラリズムの筆鋒を貫いた文学者、竹山道雄（1903-84）。欧州への留学時に、現地に溶け込む中で得た知人・友人や、三谷隆正、安倍能成、片山敏彦、長与善郎、今道友信ら日本の知識人と交わされた貴重な書簡を通じて、昭和という時代に新しい光を当てる。

ギターひき語り半世紀の青春讃歌

男のララバイ

心ふれあう友へ

原　荘介

今、心の引き出しを開けると、心ふれあう数々の思い出が甦る。〝銀幕の天才〟森繁久彌さん、「月光仮面」の川内康範さん、「七人の侍」の土屋嘉男さん、「上を向いて歩こう」の中村八大さん……大好きだった先輩たちとの出会いと別れ。男、荘介の壮大な……抒情歌。

世界がすべて海になってしまえば……

海　マーレ　mare

武田秀一

運命的に出会った「ぼく」とヨーコはイタリアの地中海沿岸の小さな町ラパッロで共同生活を送る。地中海の光と空気の中で、海に焦がれ、海と同化したいと願う現代の海の神話。

10月の新刊

タイトルは仮題、定価は予価。

「地政心理」で語る半島と列島
ロー・ダニエル
四六上製　三九二頁　三六〇〇円

テクノクラシー帝国の崩壊　＊
「未来工房」の闘い　山口祐弘訳
R・ユンク
四六変上製　二〇八頁　二八〇〇円

時代を「写した」男
ナダール　*1820-1910*　＊
石井洋二郎
A5上製　四八八頁　八〇〇〇円　口絵76頁

多田富雄コレクション（全5巻）
4 **死者との対話**　能の現代性　＊
解説＝赤坂真理・いとうせいこう
四六上製　三二〇頁　三六〇〇円　口絵2頁

大田堯自撰集成（全4巻・補巻）補巻　＊
地域の中で教育を問う〈新版〉
大田堯
四六変上製　三八四頁　二八〇〇円

11月の予定書

資本主義と死の欲動　＊
G・ドスタレール＋B・マリス
斉藤日出治訳

金時鐘コレクション（全12巻）　発刊
2 **幻の詩集、復元に向けて**　＊
『日本風土記』／『日本風土記Ⅱ』
金時鐘
推薦＝鵜飼哲　金石範　高銀　佐伯一麦
辻井喬　鶴見俊輔　吉増剛造　四方田犬彦
編集協力＝細見和之・宇野田尚哉・浅見洋子
〈解説〉宇野田尚哉（Ⅰ）・浅見洋子（Ⅱ）

竹山道雄の手紙の世界　＊
平川祐弘編著

男のララバイ　＊
心ふれあう友へ
原荘介

海　マーレ　mare　＊
武田秀一

教師と学生のコミュニケーション〈増補新版〉
P・ブルデュー
安田尚訳　新版解説＝苅谷剛彦

好評既刊書

いのち愛づる生命誌《バイオヒストリー》　＊
38億年から学ぶ新しい知の探究
中村桂子
四六判　三〇四頁　二六〇〇円　口絵カラー8頁

名著探訪108　知の先達29人が選ぶ　＊
四六変上製　四四〇頁　三二〇〇円

改訂を重ねる『ゴドーを待ちながら』　＊
演出家としてのベケット
堀真理子
四六上製　二八八頁　三八〇〇円

世界人権論序説　＊
多文化社会における人権の根拠について
森田明彦
四六上製　二四八頁　三〇〇〇円

社会思想史研究　41号　社会思想史学会編
〈特集〉**市場経済の思想**　＊
市場と資本主義を考える
A5判　二八八頁　二六〇〇円

日本の科学　近代への道しるべ
山田慶兒
A5上製　三一二頁　四六〇〇円

男らしさの歴史（全3巻）　完結
A・コルバン＋J-J・クルティーヌ＋G・ヴィガレロ監修
Ⅲ **男らしさの危機？**
20−21世紀
J-J・クルティーヌ編　岑村傑監訳
A5上製　七五二頁　八八〇〇円　口絵カラー16頁

多田富雄コレクション（全5巻）
3 **人間の復権**　リハビリと医療
解説＝立岩真也・六車由実
四六上製　三二〇頁　二八〇〇円　口絵2頁

＊の商品は今号に紹介記事を掲載しております。併せてご覧戴ければ幸いです。

書店様へ

▼『ゴドーを待ちながら』にベケット自身による改訂版があったなんてご存知でしたか?!　9／1(金)〜5(火)シアターχ《カイ》にて、そして9／9(土)、10(日)には京都造形芸術大学春秋座で、ベケット自身の「演出ノート」によるラジカルな改訂版が上演され連日超満員で大反響!!　9／20(水)配本の**堀真理子『改訂を重ねる「ゴドーを待ちながら」』**も、演劇のみならず、文芸の棚でも大きくご展開ください！　続々パブリシティ乞うご期待。▼9／24(日)熊本日日新聞書評欄での池澤夏樹さん絶賛書評に続き、共同通信社配信での絶賛紹介記事が各紙で順次掲載され反響のなか、10／1(日)『毎日』「今週の本棚」欄には**石牟礼道子『完本　春の城』**が持田叙子(近代文学研究者)さんに絶賛大書評でさらに大反響！▼9／29(金)『日経』一面コラム「春秋」欄で、安倍首相の「国難」発言を受け、後藤新平が大きく紹介！　「後藤は、『(国難に)最も責任を負うべきものは何といっても政党』と指摘した。90年以上前の戒めが、胸に響くバンザイの光景である」。**(営業部)**

『竹山道雄セレクション』完結記念

シンポジウム
今なぜ、竹山道雄か

昭和戦前から戦後にかけて、軍国主義や全体主義がはらむファナティズムと一線を画し、一貫してリベラルな視点を貫いた竹山道雄（1903-84）から、今、何を学ぶか？

■基調講演　**芳賀徹**
■ディスカッション
牛村圭　芳賀徹　秦郁彦
平川祐弘　稲賀繁美（司会）
【日時】11月28日(火)18時～20時半(予定)
【会場】アルカディア市ヶ谷(私学会館)
【参加費】一般二〇〇〇円　学生一五〇〇円
＊お申込み・お問合せは藤原書店「係」まで

『男のララバイ』刊行記念

原荘介リサイタル

ギター&歌　Guest：加藤登紀子
【日時】11月30日(木)18時45分(開場18時)
【会場】武蔵野公会堂
【参加費】前売四五〇〇円
＊問合せは、ララバイカルチャーセンターまで

出版随想

▼十月の声をきくと流石に秋の気配が深まりはじめた。しかしどうもあまり気が晴れない日が続いている。北朝鮮の核開発をめぐる問題、この時期に、どう考えてもありえない〝解散〟、総選挙。国民が現政権に愚弄されているとしかとれないが、対抗馬がないのでは戦いようがない。今改めて、後藤新平が大正十三（一九二四）年腐敗した政治を建て直すため、『政治の倫理化』という小冊子を作り、全国を遊説して世直し運動を為したことに思いを馳せる。

▼七〇年代末から八〇年代にかけて、環境問題の先駆的な書とも云うべき問題作、ロベルト・ユンクの『原子力帝国』（原書一九七七年）がわが国でも話題を博した。そのユンクが亡くなる六年前に遺著ともいえる最後の書を出版した。われわれは、テクノロジーの不断の開発によって、技術立国、技術帝国を作り上げてきた。その技術帝国が今や終りを告げようとしている、というユンクならではの鋭い警鐘を鳴らしている。その後世界は、ユンクの遺言の通りに進んでいるのではなかろうか。

▼先日、某人に誘われて新宿の道楽亭を覗いた。三〇人位で一杯になる小さな小屋。そこで、後藤新平の講談があった。講談師は、田辺一鶴師の直弟子田辺鶴遊。齢四十前後のようだが、幼少の頃よりこの世界に入ってきた奇才のようで、わずか四十分位の時間だが、なかなか後藤の真髄を摑む語りは恐れいった。かつては、庶民の娯楽として、講談、浪曲、浄瑠璃、都々逸……と、庶民の日常生活の中にこういう〝芸〟が入っていた。勿論今も、わずかにその片鱗を窺い知ることはできるが、殆んど消えてしまったといっても過言ではない。やはり、昭和三十年代のテレビの普及が大きいのではないか。

▼〝芸〟といえば、今月の多田富雄コレクションの「4　死者との対話」は圧巻だ。国際的免疫学者にして、能作家、詩人の多田富雄は、「学芸」に長けた人だった。しかも最晩年倒れてから、「自然科学とリベラルアーツを統合する会（INSLA）」を起ち上げ、自らその先頭を切って活動したのである。これからは、わが国から世界に誇れる「学芸」を少しずつでも海外に発信していきたいものだ。（亮）